COMO ACABAR COM AS DÍVIDAS E VIVER UMA VIDA MAIS FELIZ

Daniel Souza

COMO ACABAR COM AS DÍVIDAS E VIVER UMA VIDA MAIS FELIZ

UM GUIA PRÁTICO COM **5 passos** PARA FICAR LIVRE DAS DÍVIDAS PARA SEMPRE

ALTA BOOKS
E D I T O R A
Rio de Janeiro, 2021

Como Acabar com as Dívidas e Viver uma Vida mais Feliz
Copyright © 2021 da Starlin Alta Editora e Consultoria Eireli. ISBN: 978-85-508-1488-9

Todos os direitos estão reservados e protegidos por Lei. Nenhuma parte deste livro, sem autorização prévia por escrito da editora, poderá ser reproduzida ou transmitida. A violação dos Direitos Autorais é crime estabelecido na Lei nº 9.610/98 e com punição de acordo com o artigo 184 do Código Penal.

A editora não se responsabiliza pelo conteúdo da obra, formulada exclusivamente pelo(s) autor(es).

Marcas Registradas: Todos os termos mencionados e reconhecidos como Marca Registrada e/ou Comercial são de responsabilidade de seus proprietários. A editora informa não estar associada a nenhum produto e/ou fornecedor apresentado no livro.

Impresso no Brasil — 1ª Edição, 2021 — Edição revisada conforme o Acordo Ortográfico da Língua Portuguesa de 2009.

Produção Editorial Editora Alta Books	**Produtor Editorial** Illysabelle Trajano Thiê Alves	**Coordenação de Eventos** Viviane Paiva eventos@altabooks.com.br	**Equipe de Marketing** Livia Carvalho Gabriela Carvalho marketing@altabooks.com.br
Gerência Editorial Anderson Vieira	**Assistente Editorial** Luana Goulart	**Assistente Comercial** Filipe Amorim vendas.corporativas@altabooks.com.br	**Editor de Aquisição** José Rugeri j.rugeri@altabooks.com.br
Gerência Comercial Daniele Fonseca			
Equipe Editorial Ian Verçosa Maria de Lourdes Borges Raquel Porto Thales Silva	**Equipe de Design** Larissa Lima Marcelli Ferreira Paulo Gomes	**Equipe Comercial** Daiana Costa Daniel Leal Kaique Luiz Tairone Oliveira Thiago Brito	
Revisão Gramatical Kamila Wozniak Luciano Gonçalvez	**Diagramação** César Oliveira	**Layout** Carolinne Oliveira	**Capa** Rita Motta

Publique seu livro com a Alta Books. Para mais informações envie um e-mail para autoria@altabooks.com.br

Obra disponível para venda corporativa e/ou personalizada. Para mais informações, fale com projetos@altabooks.com.br

Erratas e arquivos de apoio: No site da editora relatamos, com a devida correção, qualquer erro encontrado em nossos livros, bem como disponibilizamos arquivos de apoio se aplicáveis à obra em questão.
Acesse o site **www.altabooks.com.br** e procure pelo título do livro desejado para ter acesso às erratas, aos arquivos de apoio e/ou a outros conteúdos aplicáveis à obra.
Suporte Técnico: A obra é comercializada na forma em que está, sem direito a suporte técnico ou orientação pessoal/exclusiva ao leitor.
A editora não se responsabiliza pela manutenção, atualização e idioma dos sites referidos pelos autores nesta obra.
Ouvidoria: ouvidoria@altabooks.com.br

Dados Internacionais de Catalogação na Publicação (CIP) de acordo com ISBD

S729c   Souza, Daniel
       Como acabar com as dívidas e viver uma vida mais feliz: um guia prático com 5 passos para ficar livre das dívidas para sempre / Daniel Souza. - Rio de Janeiro : Alta Books, 2021.
       192 p. : il. ; 16cm x 23cm.

       Inclui índice, bibliografia e apêndice.
       ISBN: 978-85-508-1488-9

       1. Educação financeira. 2. Finanças pessoais. I. Título.

2021-1359   CDD 332.04
                                           CDU 336.47

Elaborado por Odilio Hilario Moreira Junior - CRB-8/9949

Rua Viúva Cláudio, 291 — Bairro Industrial do Jacaré
CEP: 20.970-031 — Rio de Janeiro (RJ)
Tels.: (21) 3278-8069 / 3278-8419
ALTA BOOKS www.altabooks.com.br — altabooks@altabooks.com.br
EDITORA   www.facebook.com/altabooks — www.instagram.com/altabooks

"O dinheiro não é a coisa mais importante do mundo, mas afeta todas as coisas que são importantes."
Robert Kiyosaki

"Não nos tornamos ricos graças ao que ganhamos, mas com o que não gastamos."
Henry Ford

PREFÁCIO
MINHA HISTÓRIA COM O DINHEIRO

Nunca tive mesada. Sempre foi um incômodo para mim na minha adolescência pedir dinheiro para os meus pais. Com 18 anos e um pouco insatisfeito com isso, fui atrás da minha primeira renda e consegui uma bolsa de pesquisa na faculdade, que era de R$241,51. Esse foi o meu primeiro salário, depois de ter passado no vestibular para Ciência da Computação. Um ano depois, decidi fazer Administração ao mesmo tempo na universidade pública. Não ganhei um carro de presente por isso. Ia para as aulas a pé ou de ônibus. Meus pais sempre tiveram uma condição razoável de vida e sempre fui bastante econômico. Mesmo tendo pouco dinheiro por mês, peguei R$100 dessa minha bolsa de pesquisa no primeiro mês e fiz o meu primeiro investimento, usando o caixa eletrônico do banco: um fundo de investimento que tinha como principal ativo ações da Petrobras. No outro dia, consultei o caixa eletrônico e vi que tinha ganhado alguns centavos. Pensei: que maravilha! O ano era 2003. A partir daí, depois de estudar muito sobre o assunto, fazer cursos e economizar todo mês para investir, abri uma conta em uma corretora e comprei ações diretamente. Ganhei bastante com o meu dinheiro (que não era lá essas coisas) e com o dinheiro de alguns parentes, ex-sogra e o do meu pai (o dinheiro dele sim, era lá essas coisas). Eu fazia os investimentos para eles e todo mês eles me pagavam uma porcentagem daquilo que eu ganhava. Tudo era festa! Mas veio o ano de 2008 e a crise chegou. Naquele momento, eu só tinha o meu dinheiro e o dinheiro do meu pai investidos. As minhas ações desvalorizaram muito e naquela época eu já tinha a consciência de que não era o momento para vender. Mas meu pai pensou diferente: viu o prejuízo do seu investimento e quis receber o resto que sobrou do seu suado dinheiro. Assumi aquele prejuízo, contra a minha vontade. Eu ainda era dependente dos meus pais... E quebrei. Fui ao fundo do poço, com 24 anos de idade. Mal tinha começado a minha carreira, a trabalhar de verdade... Tive que pagar todo o prejuízo! Para a minha sorte, meu pai dividiu a minha dívida em várias parcelas (com juros, claro). Isso foi igual (ou pior, por ser meu pai) a me endividar pegando um empréstimo no banco. Consegui pagar tudo em dois anos, usando um modelo que funcionou. Recuperei tudo, hoje me livrei das dívidas, aprendi a investir de verdade, tenho uma vida confortável e agora quero ensinar você a fazer o mesmo com a sua vida financeira com os princípios que usei deste livro!

APRESENTAÇÃO

Por cinco anos meu trabalho foi estudar a forma como meus seguidores lidavam com o próprio dinheiro, principalmente os endividados. Aprendi muito com vários casos diferentes, diversos tipos de problemas e até mesmo situações inusitadas que chegavam até mim. Toda essa experiência foi importante para que eu percebesse padrões de comportamento, identificando erros comuns cometidos pelas pessoas. A partir daí, fui capaz de criar e selecionar as soluções que mais funcionavam na prática contra as dívidas para cada estágio que uma pessoa possa estar.

Com isso, criei um sistema inédito para resolver a maioria das situações de endividamento que uma pessoa pode ter e que mostrou resultados incríveis, tirando muita gente de grandes problemas financeiros. Escrevi este livro mostrando o caminho que usei para ajudar essas pessoas a sair de uma vez por todas dessa situação, que é desconfortável e que tira a alegria de muitas famílias.

Esse caminho está disponível aqui para você. Ele foi construído com mudança de mentalidade, conceitos importantes, hábitos novos e atividades reais. Você pode andar por esse caminho, que está livre, pavimentado e que busquei deixar o mais fácil possível de seguir, dando a você a oportunidade para colocar em prática a partir de agora, e que te levará a um lugar melhor.

Esta é a oportunidade que você tem de ter uma solução mais detalhada e profunda para a sua situação. Espero que você a aproveite ao máximo!

SOBRE O AUTOR

Daniel Souza é mestre em Controladoria e Finanças pela Universidade Federal de Uberlândia (UFU). Tem como propósito ajudar as pessoas a melhorar suas vidas com a educação financeira. Já atendeu dezenas de pessoas desde 2014, que mudaram suas vidas ficando livres do endividamento e começando a investir. É investidor na bolsa de valores desde 2006, empreendedor e fundador da empresa desenvolvedora de softwares Queslo, com atuação em todo o Brasil.

SUMÁRIO

INTRODUÇÃO 15
CAPÍTULO 1: Por que devo poupar? 19
CAPÍTULO 2: Mitos e hábitos ruins 27
CAPÍTULO 3: A roda da prosperidade 51
CAPÍTULO 4: A árvore que "floresce" dinheiro 61
CAPÍTULO 5: Verdades e bons hábitos 71
CAPÍTULO 6: Como gastar menos dinheiro 87
CAPÍTULO 7: Como receber mais dinheiro 109
CAPÍTULO 8: Construindo um mindset próspero 129
CAPÍTULO 9: Passo a passo para acabar com as dívidas 137
CONSIDERAÇÕES FINAIS 171
GLOSSÁRIO 173
REFERÊNCIAS 181
APÊNDICE 183
ÍNDICE 185

INTRODUÇÃO

Sempre fui curioso em perceber a forma como as pessoas gastam aquilo que recebem, se poupam, como investem, como compram carros, se financiam imóveis para morar, como acumulam bens, se dão mesada para os filhos, como gastam com presentes e o que eles consideram ser alguém bem-sucedido e o conceito de uma vida próspera.

Interessei-me sobre isso e comecei a estudar a vida das pessoas que mais tiveram destaque naquilo que fizeram. Como o assunto de investimentos sempre me chamou a atenção, acabei lendo muito sobre a vida de Warren Buffett, o megainvestidor, estudando sua forma de lidar com o dinheiro e como ele pensa.

 PARA SABER MAIS
Leia sobre a vida de Warren Buffett em:
https://www.financaspessoais.net.br/comprar-acoes/conheca-o-
-investidor-warren-buffett/

Com isso, fui desenvolvendo e melhorando a minha própria forma de cuidar do meu dinheiro, com um erro importante no início. Esse erro me fez redobrar a minha atenção, com foco em um objetivo maior de construir um patrimônio que pudesse crescer com o tempo, de forma independente e me trazendo liberdade financeira.

No início de 2014 criei uma conta no Instagram e comecei a fazer postagens sobre um assunto que eu sempre gostei: dinheiro. Imagino que você também goste dele, principalmente no seu bolso. Eu queria compartilhar com as pessoas o que fui aprendendo desde 2006, quando comecei a administrar meu próprio dinheiro e quando entrei no mundo dos investimentos na prática. Ainda tinha algumas dúvidas sobre como eu conseguiria ajudar as pessoas na prática, com um aplicativo no celular que ainda estava se desenvolvendo.

Fui percebendo, com os comentários nas postagens e nas mensagens que recebia, as necessidades principais de cada um e vi que a maioria das questões tinha a ver com problemas financeiros, empréstimos, dificuldade em poupar dinheiro e mau uso do cartão de crédito, resultado da pouca educação financeira que recebemos com o passar do tempo.

Percebendo como faltou esse tipo de educação na escola e na família e depois de ter estudado muito, lendo livros e fazendo cursos, senti a necessidade de passar esse conhecimento adiante. Comecei a ajudar os seguidores do meu perfil no Instagram, @financaspessoais, em todo o Brasil a fazer as pazes com o dinheiro. A principal dificuldade é lidar com as dívidas feitas por muitos anos e com juros altos, que por algum motivo nos ensinaram de forma errada que é uma coisa normal de ser feita. Talvez aprendemos que é normal porque conhecemos muita gente que financia um carro, assume um financiamento habitacional durante décadas, pega um empréstimo ou acaba usando o cheque especial da conta.

A maioria das pessoas com as quais conversei ao longo desses anos tinha problemas financeiros, alguns bastante graves. Muitos deles eram médicos, funcionários públicos ou bancários, profissões que tradicionalmente trazem uma boa renda mensal. A princípio, fiquei sem entender o porquê, já que fazia pouco sentido alguém que teoricamente tem uma boa situação financeira pedir uma alta quantia de dinheiro emprestado para alguém, mesmo que esse alguém seja um banco.

A partir daí, entendi na prática que ter uma profissão reconhecida ou um bom salário não é suficiente para evitar problemas financeiros. E durante alguns meses de acompanhamento, vi que alguns seguidores que recebiam aumento de salário até pioravam o tamanho de suas dívidas! Nesses casos, mais dinheiro atrapalhou algumas pessoas no processo de sair do endividamento, o que também era incoerente para mim!

Com os resultados de todo esse trabalho e por ter tido experiência com um problema com dívida no início da minha trajetória, acabei criando e lapidando um método para ajudar qualquer pessoa a usar o dinheiro de forma inteligente, gastando melhor e eliminando dívidas ruins. Criei o método PAGAR com base na estratégia que usei com o meu endividamento e com aquilo que aprendi ajudando dezenas de famílias em todo o país com uma consultoria personalizada.

Quero que você aproveite cada página que está aqui. Tudo isso foi baseado em conceitos que fui aprendendo lendo muitos livros, estudando sozinho, com alguns cursos e especialmente com uma vivência prática. Procurei organizar aqui da forma mais simplificada e fácil possível tudo aquilo que é preciso para resolver a sua situação. Foi um trabalho que levou anos, recuperando centenas de e-mails enviados na consultoria e melhorando durante vários meses desde que comecei a escrever este livro, buscando as melhores palavras e a forma mais simples para transmitir o conhecimento.

Tudo que está escrito aqui faz parte de um método que eu mesmo testei comigo e que funcionou. Depois disso, pessoas reais em todo o Brasil tiveram mudanças verdadeiras em suas vidas seguindo a mesma estratégia, com uma nova forma de pensar sobre o dinheiro. Desejo que este livro sirva para um novo recomeço prático nas suas finanças e que, com isso, você possa ser ainda mais feliz!

1 POR QUE DEVO POUPAR?

OBJETIVO DO CAPÍTULO

Entender os benefícios que uma pessoa tem ao guardar dinheiro ao longo da vida, e como esse princípio pode blindar o futuro do endividamento.

Desde os primórdios, o ser humano convive com o medo. O medo de dormir e ser comido por um animal, o medo de não ter um abrigo, de sair para caçar e não voltar mais. Antigamente, vivíamos como nômades andando por aí, à procura de comida e alimento. Não fazia parte da natureza humana planejar o que ou quando comer a próxima refeição, onde e em quais condições dormir e qual seria o plano para o próximo dia, mês ou ano ou quando chegasse a idade. Era tudo mais ou menos assim:

Fonte: *Homem das cavernas* - https://pixabay.com/pt/illustrations/vintage-antigo-encantadora-1653166

Apesar da evolução de milhares de anos, esse DNA do "deixar a vida me levar" ainda está presente em nós. Os tempos mudaram, mas planejar o uso dos recursos para ter mais segurança no futuro é algo difícil para nós humanos. É mais fácil e mais prazeroso gastar e comprar agora. Atualmente, isso parece ser ainda mais grave, já que o apelo ao consumo imediato é muito forte.

Basta ligar a televisão e isso fica muito claro. "Compre seu carro agora com taxa zero e troca facilitada com dinheiro na mão" (mas pague o dobro financiando). "Realize já o seu sonho da casa própria" (pagando por décadas com juros). Até para quem gasta tudo tem "solução": dinheiro emprestado a juros altíssimos. Somos bombardeados por anúncios e estimulados a comprar a todo momento. Tudo isso é agravado pela velocidade e a disponibilidade com que essas informações chegam até nós, estimulado pela tecnologia, propagandas e o marketing digital. Pelo fato de as pessoas estarem cada vez mais ansiosas, distraídas e com menos paciência, muitos se tornam presas fáceis de empresas que criam campanhas publicitárias que se encaixam nesse perfil de vida e de consumo.

Percebi com todas as pessoas que atendi que existe um padrão muito claro entre a maioria dos endividados: eles aceitam viver reféns de todo esse sistema. Normalmente nem questionam essa realidade e as próprias decisões de consumo. Muitas vezes compram por influência também de familiares e amigos e nem sempre porque querem ou realmente precisam daquilo para viver. Na ânsia pela compra, têm mais que um cartão de crédito, por exemplo. E também aceitam pagar tarifas de manutenção por serviços que praticamente não usam ou que podem ser gratuitos. E na maioria dos casos nem sabem se pagam ou quanto pagam por isso, ou quanto gastam por mês.

VOCÊ SABIA?

O gasto do brasileiro com tarifas bancárias aumentou 150%, comparando o ano de 2009 com 2018?

Leia mais em: https://www1.folha.uol.com.br/mercado/2019/10/gasto-de-brasileiros-com-tarifas-bancarias-cresce-150-em-quase-dez-anos-diz-ibge.shtml

Já que somos treinados desde nossas origens a consumir e gastar os recursos que temos, para que eu preciso poupar?

> Devemos poupar para tornar mais dos nossos sonhos em realidade, de forma livre, mais barata e segura.

Devemos poupar porque além da oportunidade de multiplicar o dinheiro (recebendo juros de investimentos), deixamos de pagar juros altos quando pegamos dinheiro emprestado, acumulando mais dinheiro. Assim, é possível comprar, por exemplo, um apartamento em melhores condições, com um preço final que pode chegar a ser três vezes mais barato! Isso permite que você realize mais sonhos ao longo de sua vida!

Não é preciso pagar juros absurdos para realizar sonhos. Você não precisa do dinheiro de ninguém para ser próspero. Você pode conseguir o melhor dessa vida por si só, com aquilo que você tem, multiplicando seus recursos. Ao pegar esse dinheiro emprestado em bancos na forma de financiamentos e empréstimos, você vai sacrificar mais anos de vida para pagar caro essa dívida do que se investisse com um pouco de paciência e inteligência.

Isso explica por que as pessoas se endividam por décadas: querem ter agora as coisas a qualquer custo. Pensar diferente vai te fazer chegar mais longe, eliminando as dívidas ruins da sua vida. Ter dinheiro poupado também vai te ajudar a evitar assumir dívidas, podendo proteger você.

Para se ter uma ideia, investindo hoje R$100 em seu banco, daqui a 10 anos você vai conseguir comprar uma roda. Ao contrário, se você pegar hoje R$100 emprestado no banco, daqui a 10 anos você vai ficar devendo uma moto!

Pequenas atitudes feitas constantemente ao longo do tempo geram um grande resultado. Em uma corrida de Fórmula 1, milésimos de segundos podem separar o primeiro do segundo colocado. Mas o prêmio que o primeiro lugar recebe é muito maior do que o prêmio do segundo lugar! O dinheiro poupado todo mês vai trazer um grande resultado para sua vida financeira com o passar do tempo, trazendo a você um desempenho muito superior se feito constantemente e vai ser potencializado com estratégias de investimentos.

No Capítulo 4 — "A árvore que 'floresce' dinheiro", esse mecanismo de fazer o dinheiro trabalhar para você (e não o contrário) fica muito claro!

Quer outro bom motivo para poupar? Sua aposentadoria vai exigir uma boa quantia de dinheiro. A fonte de renda do trabalho vai acabar e as despesas com saúde e conforto vão aumentar. Como você tem se planejado para isso?

Talvez você ainda não tenha percebido a gravidade desse problema ou esteja contando com aquilo que você contribuiu na previdência. Mas a má notícia é que tanto a previdência pública como a previdência privada são insuficientes para manter o padrão de vida de uma pessoa e elas podem acabar a qualquer momento!

No caso da previdência pública, as regras mudam de tempos em tempos, aumentando a quantidade de anos para se aposentar e diminuindo benefícios. E existe um teto máximo para receber, que é insuficiente para um cidadão idoso viver dignamente. Nossa população está vivendo cada vez mais, e a quantidade de jovens trabalhando para pagar essa conta está cada vez menor. Menos gente para pagar e mais gente para usar! Temos um problema claro de arrecadação, o rombo é grande e o sistema pode entrar em colapso a qualquer momento!

No caso da previdência privada, a rentabilidade desse investimento costuma ser bem pequena se comparada aos investimentos mais tradicionais. A grande quantidade de taxas e impostos cobrados prejudica a multiplicação do dinheiro ao longo do tempo. E, além disso, se a instituição quebrar, você tem grandes chances de perder toda a sua aposentadoria!

Outro motivo pelo qual devemos poupar é que dinheiro atrai dinheiro. Semelhante atrai semelhante. O que acontece se jogarmos um copo de água na terra seca? Rapidamente a água se perde. Pelo contrário, quando abrimos a torneira de casa, a água passa pelo encanamento, em direção ao rio (água). E a água do rio vai para o mar (água). Quando poupamos, criamos um efeito multiplicador semelhante, que faz com que mais riqueza seja gerada em nossas vidas, aumentada pelos investimentos. É uma situação parecida com a da próxima figura.

Fonte: Dinheiro saindo da torneira - https://pixabay.com/pt/vectors/muito-dinheiro-%C3%A1gua-de-torneira-3890920/

VAMOS PRATICAR!

1: Escreva, pelo menos, 5 motivos pelos quais você deve começar a poupar hoje:

1º Motivo: _____

2º Motivo: _____

3º Motivo: _____

4º Motivo: _____

5º Motivo: _____

2: Em qual aposentadoria dá para ter mais dinheiro confiado para o meu futuro?

A. ( ) Na aposentadoria do governo (Previdência Pública — INSS)

B. ( ) Na aposentadoria dos bancos (Previdência Privada)

C. ( ) Na aposentadoria pessoal (feita com bons investimentos próprios)

D. ( ) Em nenhuma delas

2 MITOS E HÁBITOS RUINS

OBJETIVO DO CAPÍTULO

Mostrar crenças limitantes e práticas que devem ser excluídas da mente daqueles que querem fazer bom uso do dinheiro.

Sendo assim, quem não economiza e não poupa parte dos seus recursos por mês tem praticado um hábito ruim. Assim como fumar pode causar problemas graves de saúde, quem gasta tudo pode falir e causar graves problemas em sua saúde financeira. E esses hábitos podem ter sido implantados em nós de uma forma que nem imaginamos.

Desde criança, sofremos a influência de pessoas que vão afetando nosso desenvolvimento. Essa influência vem da escola, da convivência com amigos e da família. O cultivo de alguns hábitos aprendidos desde os primeiros anos de vida e a crença em mitos financeiros levam ao empacamento patrimonial, dificultando a geração de dinheiro e riqueza quando adulto.

A família tem um papel fundamental na nossa formação financeira, podendo nos influenciar muito de forma positiva ou negativa com relação ao dinheiro. É fácil perceber que um filho cujos pais sempre souberam gerenciar bem o dinheiro, normalmente é bem-sucedido em gerenciar o próprio dinheiro. E que o contrário também é uma tendência forte, e a sensação é que existe uma herança passada de geração para geração.

> "Eu vou dar aos meus filhos dinheiro suficiente para que eles sintam que podem fazer qualquer coisa, mas não o suficiente para eles pensarem que podem não fazer nada."
> (Warren Buffett)

Além disso, a família muitas vezes tem a expectativa de que a escola vai ensinar tudo ao seu filho, incluindo a educação financeira, o que não acontece como deveria. A escola ensina a matemática básica, deixa um pouco de lado a matemática financeira e muitos saem de lá e se tornam adultos sem entender o poder que os juros compostos têm para a multiplicação de dinheiro, por exemplo.

> "Juro composto é a oitava maravilha do mundo. Quem entende, ganha. Quem não entende, paga."
> (Frase famosa atribuída a Albert Einstein)

Se você se identificou até aqui, a boa notícia é que tudo pode mudar! A partir de agora, vamos desmistificar algumas frases que são ditas por aí e que atrapalham na formação de uma mente próspera.

→ MITO 1: DINHEIRO NÃO É IMPORTANTE

Dinheiro é importante? Há quem diga que o importante mesmo é ser feliz. Preferem diminuir a importância que o dinheiro tem, reforçando qualidades como a honestidade e simplicidade, mesmo que a pessoa deixe de viver e fazer muitas coisas na vida por falta de dinheiro.

Alguns preferem condenar: "Quem tem dinheiro é só gente corrupta", e acham que o dinheiro é a raiz de todos os males. Outras pessoas acreditam que aqueles que o buscam são gananciosos ou egoístas. Outras frases são mal interpretadas, como: "É mais fácil um camelo passar pelo buraco de uma agulha do que o rico no reino dos céus."

O problema com essas frases são suas consequências inconscientes. Quando dizemos a um filho "Não tenho dinheiro", enviamos uma mensagem de escassez para o subconsciente. Mesmo que a conta esteja totalmente zerada (o que muitas vezes não é verdade), esse tipo de frase começa a criar uma realidade traiçoeira, mesmo sem intenção. Essa forma de pensar limitante é transmitida de pai para filho, assim como a genética do DNA. Ouvidas e repetidas desde a infância vão moldando uma visão de que o dinheiro não é importante e que é algo ruim.

É claro que é importante ser feliz. Mas não tem como negar a grande importância que o dinheiro tem na nossa sociedade e para a nossa vida. Se já teve um pai precisando de atendimento médico e medicamentos você sabe disso! Ninguém gosta de ter bancos ou lojas ligando e enviando correspondências de cobrança. Além disso, o dinheiro é um motivo importante para divórcios e a principal razão pela qual existem pessoas em presídios.

Então, é preciso que haja uma mudança na forma de pensar. Se você se identificou ou já disse isso, observe e mude a forma de falar e pensar, dando a devida importância ao dinheiro. Busque ser amigo do dinheiro e você terá uma relação de troca, de ganha-ganha com ele!

> ## Dinheiro é importante sim! Ele vai te ajudar a viver melhor e a auxiliar pessoas!

→ MITO 2: TRABALHAR DURO NÃO É GARANTIA DE SAIR DO ENDIVIDAMENTO

Você já deve ter ouvido essa frase por aí: Sucesso só vem antes do trabalho no dicionário. Essa frase é verdadeira! A questão é que trabalhar duro por si só não resolve o problema!

Se isso fosse verdade, todo operário de fábrica não teria dívidas. Ele normalmente acorda muito cedo todos os dias, trabalha duro e se aposenta com um salário-mínimo. Dificilmente consegue alcançar o estágio da liberdade financeira ou acumula muita riqueza ao longo da vida.

Para sair do endividamento, é importante saber usar melhor os recursos já disponíveis. Gastar melhor muitas vezes é mais sensato do que receber mais trabalhando duro. Trabalhar muito não vai fazer necessariamente você sair dessa situação, apesar de fazer parte do processo.

Trabalho e esforço por si só não leva a lugar nenhum e não te leva à prosperidade. Imagine essa situação: Se você pegar uma pá e começar a cavar um buraco na terra, você vai ter muito trabalho, que vai te levar a ter um buraco inútil. É importante canalizar o esforço com inteligência!

> O esforço sem objetivo claro pode ser uma âncora, deixando você estagnado. O esforço inteligente é diferente, funcionando com uma alavanca!

Da mesma forma, empurrar uma geladeira vai fazer você ter um trabalho duro. Mas usar um carrinho como alavanca vai te trazer o mesmo resultado com muito menos esforço. É preciso saber trabalhar com inteligência, sabendo usar os recursos que você tem e buscando alternativas.

> Gastar melhor muitas vezes é mais sensato do que receber mais trabalhando duro.

Usando um carrinho como alavanca - https://pixabay.com/pt/vectors/trabalhando-silhueta-empurrando-2831226/

→ MITO 3: O MEU PROBLEMA FINANCEIRO VAI SER RESOLVIDO COM MAIS DINHEIRO

Problema financeiro não se resolve simplesmente com mais dinheiro. Vejo isso na prática nas consultorias.

No final de 2015, conheci um casal de médicos do Nordeste do Brasil que me procurou muito aflito. Tinham uma renda mensal de cerca de R$19 mil, o que não é nada mal. Na primeira reunião online, fiz o levantamento das dívidas em aberto da família: R$239.657,69, sem contar alguns impostos que ficaram para trás (números daquela época). Ou seja, sem levar em conta as despesas dos próximos meses e os comprometimentos futuros (seguro de carro, pós-graduação, planos de saúde e dois empréstimos de emergência), o casal precisaria de mais de um ano trabalhando apenas para pagar as dívidas acumuladas, sem poder gastar nenhum centavo para viver e sem contar os juros gerados no período!

Nesse caso, vemos claramente que ter um bom recebimento não garante uma vida de tranquilidade financeira. E receber mais por mês por si só não resolveria essa situação de endividamento. Em alguns casos, quando há pouca inteligência financeira, mais dinheiro pode até piorar!

> É claro que o problema não está no dinheiro, e sim, na forma de usá-lo!

→ MITO 4: TRABALHO É UMA COISA, DIVERSÃO É OUTRA

O que você faz como diversão, alguém faz como profissão. O segredo é você ter um hobby e cobrar por ele, já que você faria até de graça. E quando fazemos algo que gostamos, não precisamos nunca mais "trabalhar"! Você não vai precisar nem aposentar para descansar, ou ficar ansioso para chegar logo o final de semana. A segunda-feira vai começar a ser um dos melhores dias da sua semana!

Mesmo que hoje você tenha um emprego que não goste, comece a montar um plano para mudar. Você pode começar com uma atividade paralela que ame e que aos poucos substitua o antigo emprego. Fazer o que gosta vai fazer você se dedicar naturalmente com prazer, focando todas as suas energias em algo que te trará grande prosperidade e mais felicidade.

→ MITO 5: ESCOLHI A PROFISSÃO ERRADA

Em todas as profissões existem pessoas que deram certo e aquelas pessoas que não deram tão certo. Empresários prósperos e empresários falidos. Engenheiros bem-sucedidos e engenheiros desconhecidos. Pintores de sucesso ou com dificuldades financeiras. A diferença está naquilo que você se propõe a fazer.

Quanto mais problemas você conseguir solucionar para o maior número de pessoas, mais você será retribuído por isso. E no capitalismo, a forma de ser retribuído por algo que fazemos é por meio do dinheiro!

De qualquer forma, nada impede que você exerça uma atividade diferente da sua área de formação. E se essa for uma segunda atividade além do seu emprego, melhor ainda! Você terá mais de uma fonte de renda, trazendo mais conforto e segurança de vida.

→ MITO 6: PARA SER BEM-SUCEDIDO É PRECISO TER UMA FORMAÇÃO

Steve Jobs largou a faculdade e criou a Apple. Bill Gates deixou a Harvard e fundou a Microsoft. Mark Zuckerberg, criador do Facebook deixou os estudos dois anos depois de começar. Silvio Santos seguiu um caminho sem estudos formais. Isso prova que fazer uma faculdade não é garantia de sucesso!

Claro que o estudo formal é importante e pode ajudar. Todas essas pessoas que alcançaram sucesso tiveram que estudar muito além das quatro paredes, indo ao mercado, desenvolvendo produtos e trazendo algum benefício prático para a população.

> O estudo formal da escola e da universidade não vai te assegurar um futuro próspero.

PARA SABER MAIS

Assista ao discurso de Steve Jobs falando sobre a experiência que teve com a faculdade.

No link: https://www.youtube.com/watch?v=45xrq0wpqv4

→ MITO 7: NÃO TEM PARA TODO MUNDO

Talvez nunca tenha sido tão comum ver casos de pessoas que saíram do zero e conseguiram ser prósperos. Casos como o de Silvio Santos, que era camelô e hoje tem dezenas de empreendimentos, de Flávio Augusto que morava na favela e hoje é um dos brasileiros mais ricos e do imigrante pobre Jan Koum, que criou o aplicativo WhatsApp mostram que é possível buscar um lugar ao sol mesmo começando do absoluto zero.

PARA SABER MAIS
Leia a história fantástica de Flávio Augusto na matéria:
No link: https://www.bbc.com/portuguese/geral-42998803

O caminho trilhado por cada um é diferente e pode ser mais difícil, sendo diferente entre uma pessoa e outra. A dificuldade não impede ninguém de chegar lá. Outro exemplo de que tem para todo mundo é que, em todos os anos o mundo está produzindo mais alimentos do que a quantidade de gente para comer. Com relação ao dinheiro, a lógica é a mesma: ele está disponível para todos e viver em dificuldade com ele é uma escolha. Por outro lado, você pode escolher viver com o que há de melhor nesse mundo, sendo amigo do dinheiro.

> O mundo é abundante
> e para que você ganhe
> não é necessário que alguém perca.

A influência dos hábitos na vida financeira

Hábitos são padrões de comportamento e acabam se tornando uma parte daquilo que somos. Eles são criados e desenvolvidos desde criança e muitos deles são passados de pais para filhos. Um filho que vive em um ambiente em que os pais não se importam com os gastos, convive com dívidas e empréstimos, tem uma tendência natural de repetir esse mesmo comportamento quando adulto.

Já na escola, essa criança terá uma educação formal em ciências, física e matemática básica. Em geral, os pais esperam que a escola eduque seu filho de forma completa. Mas a grande verdade é que a escola é limitada, e a educação financeira não se aprende lá e muitas vezes nem na família.

Assim, o indivíduo começa a sua vida profissional refém do mercado, que quer de todas as maneiras fazer com que ele transfira o dinheiro obtido com o seu trabalho para a compra de bens, produtos e serviços, que muitas das vezes são caros e desnecessários para a sua vida. E para piorar, para bens de alto preço, como casas e veículos, o financiamento cai como uma luva, fazendo com que muita gente passe anos de suas vidas pagando juros para antecipar o uso de bens no presente.

Dessa forma, muitas pessoas passam a vida inteira em um círculo vicioso, trabalhando para pagar dívidas contraídas, juros de empréstimos e financiamentos, para adquirir bens que estão acima da sua condição financeira atual, pagando um alto preço durante décadas para sair de uma situação que causa problemas financeiros, familiares e afetam sua felicidade.

Segundo Maxwell Maltz, um dos pioneiros da Teoria dos 21 dias, são necessários 21 dias de repetição de uma ação para que ela se torne um hábito. A ideia aqui é que você exercite os princípios mostrados neste livro para abandonar os hábitos ruins de hoje, começando a substituí-los por hábitos prósperos. Depois dessa repetição, exercitar a prosperidade vai ser como escovar os dentes todos os dias, tornando-se automático!

PARA SABER MAIS
Leia a Teoria dos 21 dias e use-a a seu favor!
No link: https://www.dicasdemulher.com.br/conheca-a-teoria-dos-21-dias-e-mude-de-vida/

→ HÁBITO RUIM 1: NÃO MEDIR OS GASTOS ANTES DO FIM DO MÊS

Tudo aquilo que não medimos, não conseguimos controlar. Se não sabemos o quanto gastamos, medindo as quantias, o fim do mês vai chegar e está na cara que vai dar errado, fazendo você perder o controle!

Listar os gastos do mês vai te dar uma ideia daquilo que você tem feito, identificando aquilo que você gasta com alimentação, saúde, higiene e lazer e qual a quantia para cada um. A partir daí, fica mais fácil saber para onde estão indo os seus recursos, facilitando o controle, possibilitando cortar ou diminuir despesas.

→ HÁBITO RUIM 2: ANTECIPAR SONHOS COM FINANCIAMENTOS

Esse é um dos hábitos mais importantes e perversos que existem. É por isso que muita gente não consegue evoluir financeiramente ao longo do tempo. Então, fique atento!

Antecipar sonhos, como o de um carro novo ou o da casa própria sai muito caro. Financiar imóveis a juros caros durante trinta anos e financiar um carro acima do padrão de vida durante cinco anos são hábitos ruins. Antecipar sonhos vai tirar dinheiro do seu bolso, mantendo uma vida apertada até a melhor idade. A grande questão é que você paga JUROS! E esse é um dos piores hábitos que existem!

Muitas pessoas vivem durante décadas em sacrifício para arcar com os custos de um financiamento que contraíram no banco. No caso de uma casa própria, as pessoas pagam em média o equivalente a duas casas, somando a quantia total embutindo juros, impostos e taxas contratuais.

> Não pegue dinheiro emprestado! Crie o seu próprio dinheiro!

→ HÁBITO RUIM 3: OLHAR COM ATRASO PARA O QUE ACONTECE

Ter visão de futuro pode te levar a antecipar seus passos e sair na frente. Saber que o início do ano vai trazer impostos a pagar do carro, por exemplo, vai fazer você em Dezembro reservar parte do seu décimo terceiro para esse objetivo, evitando terminar Janeiro com saldo negativo e com um problema desnecessário.

Além disso, quem olha para frente antecipa "imprevistos", além de aproveitar oportunidades que a maioria não consegue enxergar, poupando seu dinheiro com pagamentos antecipados sem juros e à vista com desconto.

> Quem chega primeiro bebe a água limpa!

Pássaros bebendo água - https://pixabay.com/pt/photos/crossbills-loxia-finch-bird-%C3%A1gua-1054625

→ HÁBITO RUIM 4: NÃO PENSAR NO FUTURO

Pessoas que não pensam no longo prazo tomam decisões financeiras que vão diminuindo seu patrimônio. Se não penso em poupar para chegar à melhor idade, quando chegar lá vou precisar de dinheiro emprestado para viver, pagando juros aos bancos, dependendo da ajuda de familiares e com o risco de não ter o suficiente.

Pelo contrário, por exemplo, caso eu invista R$200 todo mês em Títulos Públicos do Tesouro IPCA, quando chegar à aposentadoria terei meu dinheiro multiplicado e reservado para isso, garantindo mais tranquilidade quando chegar a idade.

Estamos vivendo mais por conta dos avanços da humanidade. Como você está se preparando para isso?

> A grande ilusão é achar que o longo prazo nunca vai chegar.

→ HÁBITO RUIM 5: CONFIAR QUE GANHOS RÁPIDOS VÃO TE DEIXAR RICO

Se você quer uma sombra, plantar uma semente agora não vai te dar uma árvore hoje.

Existe uma lei que define a multiplicação do dinheiro. Um dos fatores mais importantes dela é que o tempo precisa passar. Só assim o efeito multiplicador acontece, os juros compostos passam a jogar no seu time, aumentando o dinheiro que você investiu.

Não acredite em promessas de ganhos rápidos. Esses são os piores tipos de armadilhas. Alguns exemplos são: título de capitalização, sorteios disfarçados de investimentos, loteria e pirâmides financeiras, que ao longo do tempo surgem disfarçadas de investimentos sob a forma de avestruz, boi gordo, bitcoin etc. A maioria dessas promessas nem são consideradas formalmente como investimentos e algumas delas são crimes!

Thomas Corley pesquisou isso e chegou à conclusão que:

- Mais de 70% dos ricos não jogam em jogos de azar.

- Mais da metade dos pobres jogam em jogos de azar.

De qual desses grupos você quer fazer parte?

> A melhor época para plantar uma árvore foi há vinte anos; o segundo melhor tempo é agora (Provérbio Chinês).

Aproveitando da árvore - https://pixabay.com/pt/photos/outono-floresta-%C3%A1rvores-par-1204603/

→ HÁBITO RUIM 6: DEIXAR O MEDO DEFINIR AS DECISÕES DA SUA VIDA

O risco faz parte da natureza humana. Ele existe ao atravessar a rua ou pulando de paraquedas. Um dos fatores que diferencia as duas coisas está no controle da situação. Pode ser mais arriscado atravessar uma avenida com os olhos fechados que saltar de paraquedas com todas as medidas de segurança respeitadas. E o resultado do salto pode ser melhor e mais prazeroso!

Assim também acontece com o dinheiro. Há quem pense que é perigoso ou inútil poupar e investir e prefere gastar tudo. Além disso, sempre tem aquela história do primo que investiu no golpe financeiro da avestruz e perdeu tudo ou daquele conhecido que se deu mal especulando no mercado de ações, dizendo que bolsa de valores é cassino. É claro que é preciso saber como e em que investir para ter bons resultados.

> "Os riscos surgem se você não sabe o que está fazendo." (Warren Buffett)

Assim como no exemplo do paraquedas, é preciso tomar precauções e saber controlar o risco para ter bons retornos. Nos investimentos e na vida, vencer o medo e não se deixar paralisar pelo pânico traz os maiores retornos!

> Eliminar todos os riscos de perder vai eliminar todos os riscos de você ganhar.

→ HÁBITO RUIM 7: CONVIVER COM PESSOAS POUCO PRÓSPERAS

Você já ouviu essa frase: "Diga-me com quem andas e eu te direi quem tu és". O que acontece se você convive, anda, conversa e compartilha sua vida com pessoas com baixa autoestima, invejosas, que só reclamam, frustradas, que só conseguem enxergar o lado ruim de tudo e pouco prósperas? Você se torna uma delas!

Eu e você somos a média das cinco pessoas das quais mais convivemos. Quando você conversa, ouve, e convive com pessoas de sucesso, acontece o processo natural da modelagem, fazendo com que haja um espelhamento de características para você. E lendo livros escritos por essas pessoas é possível acessar a mente e os princípios de sucesso delas sem precisar do contato físico! Superprático!

Um estudo de Thomas Corley aponta que 86% dos milionários mantêm um círculo social com pessoas que também se deram bem. Então, faça a sua escolha!

→ HÁBITO RUIM 8: VIVER UM DEGRAU ACIMA DO PADRÃO DE VIDA MÁXIMO QUE VOCÊ PODE TER

Quem vive acima do padrão de vida tem uma renda de R$5 mil e gasta R$6 mil, por exemplo. Se houver um aumento de salário para R$7 mil, os degraus sobem e essa pessoa vai naturalmente gastar R$8 mil ou mais, já que agora já "pode" financiar aquele carro maior ou "merece" comprar mais. Normalmente, os bens escolhidos geram mais despesas e perdem valor com o tempo.

O segredo para multiplicar o patrimônio está em fazer justamente o contrário: viver um degrau abaixo do padrão de vida máximo. Com uma renda de R$5 mil, você gasta R$4.500, reservando 10% (R$500) para emergências e investimentos que vão te trazer independência financeira futura.

Essa é uma regra de ouro para você nunca cultivar dívidas ao longo do tempo! Então pense muito nisso e coloque em prática!

→ HÁBITO RUIM 9: SABER O PREÇO DE TUDO E O VALOR DE NADA

Preço é diferente de valor. "Preço é o que você paga, valor é o que você recebe" (Warren Buffett) ou aquilo que vale, levando para a sua vida.

Você paga R$50 mil em um carro básico no Brasil. O preço é um dos mais caros do planeta!

Caso seja feito um financiamento para a compra desse carro, o preço a ser pago pode dobrar, e o mesmo carro pode sair do seu bolso por aproximadamente R$100 mil. Qual é o real valor desse carro?

Carro e juros - https://pixabay.com/pt/illustrations/parcelamento-carro-banco-3572185/

Logo depois da compra, já no primeiro ano, o carro começa o seu processo de desvalorização e você, depois de alguns anos, conseguirá revendê-lo por algo em torno de R$30 mil. Uma grande perda em valor.

> Você conseguirá preservar seu patrimônio se eliminar o hábito de olhar apenas para o preço, sabendo o real valor das coisas.

→ HÁBITO RUIM 10: PENSAR E FALAR COM MENTALIDADE DE ESCASSEZ

"Já tem muitos advogados no Brasil, não vou ser bem-sucedido". Frases como essa, adaptadas à sua profissão ou à sua vida em outras esferas criam automaticamente um encolhimento de possibilidades, limitando a sua influência e poder, diminuindo as suas chances de sucesso.

Tudo aquilo que dizemos foi pensado e se transforma em atitudes. E as nossas atitudes se tornam hábitos. Quando nos damos conta, estamos desanimados, reclamando, desmotivados e a consequência natural é o fracasso.

A grande verdade é que temos a vida que plantamos. Essa é uma frase forte e verdadeira. Um atleta chega ao primeiro lugar do pódio por merecimento. Nunca é tarde para mudar a mentalidade de escassez para a de abundância, praticando aquilo que você pensa, fala e faz de forma grande e positiva.

→ HÁBITO RUIM 11: CULTIVAR MUITOS PASSIVOS EM VEZ DE MUITOS ATIVOS

Passivos são aqueles bens que perdem valor ao longo do tempo, que normalmente têm juros embutidos a serem pagos e que diminuem o seu patrimônio. São todos aqueles bens que vão tirando dinheiro do seu bolso, como um carro, que todo ano tem o valor menor que no ano anterior e, se for financiado, para piorar, ainda tem juros para pagar de financiamento. Outros exemplos: móveis, casa própria e eletrônicos.

Ativos são aqueles bens que ganham valor ao longo do tempo, pagando a você bons juros e aumentando seu patrimônio. São todos aqueles bens que colocam dinheiro no seu bolso, como um apartamento que você aluga, que todo mês tem um aluguel recebido e que normalmente ainda valoriza ao longo do tempo. Outros exemplos: ações, títulos públicos e debêntures.

> Quem cultiva muitos passivos e poucos ativos tem a sentença de endividado decretada.

→ HÁBITO RUIM 12: BUSCAR CULPADOS PARA OS PRÓPRIOS ERROS

Ninguém coloca uma arma na cabeça e nos obriga a comprar até endividar. Isso parte da gente e começa e termina nas decisões que tomamos na nossa mente.

Sofremos pressão da sociedade de várias formas para incentivar que a gente compre e consuma. Mas a palavra final é sempre sua! Não adianta reclamar depois! Somos donos do nosso destino, cada escolha tem uma consequência e fazer as escolhas corretas nos leva a um final feliz.

> Colocar a culpa no governo, nos pais, chefe ou em outra pessoa vai deixar você na mesma situação.

→ HÁBITO RUIM 13: FICAR NA ZONA DE CONFORTO POR MUITO TEMPO

Deixar a situação ruim do jeito que está vai piorar porque os juros a serem pagos aumentam em uma velocidade que nenhum outro investimento ou renda consegue acompanhar. Lembre-se: temos um dos juros mais caros do planeta! Tome uma decisão!

> Se você está com dívidas, aja rápido. Se você não tem dívidas, faça sua reserva de emergência. Se você já está protegido com a reserva, comece a investir. Nunca se acomode!

→ HÁBITO RUIM 14: APENAS QUERER SAIR DA SITUAÇÃO

Querer é só o primeiro passo! Você precisa decidir sair dessa situação. Custe o que custar, seja o sacrifício que for. A partir daí, você deve se comprometer. Isso pode ser feito com a sua esposa, pai ou um amigo. No meu caso, foi importante o fato de eu querer e decidir sair da situação de endividamento. Mas o que determinou mesmo foi ter feito o compromisso comigo mesmo e um plano que apresentei ao meu pai, colocando datas e quantias a serem pagas ao longo do tempo.

→ HÁBITO RUIM 15: TER RESSENTIMENTOS COM O DINHEIRO

Com certeza, todos nós já tivemos alguma experiência ruim ou marcante com o dinheiro.

Acreditar que o dinheiro traz problemas, que ele é mau e que quem tem são pessoas ruins, não vai te ajudar a alcançar o seu objetivo.

As pessoas ricas se sentem merecedoras daquilo que têm. Valorizam seus patrimônios, imóveis e buscam multiplicar suas riquezas. A classe média costuma buscar o prazer imediato. Normalmente tem inveja de quem tem uma vida abundante, e justificam a riqueza por sorte ou desonestidade, não dando o devido mérito. Falam a respeito de bens voláteis, roupas e acessórios de marca e outros bens supérfluos. O pobre pensa que "dando para pagar as contas tá bom". Tem mágoa e ressentimento de quem é rico e geralmente os culpam pela sua situação, cobrando aumentos, benefícios e falando sobre leis trabalhistas e auxílios.

Eu acredito que você queira ser uma boa pessoa. Se dinheiro é ruim e se quem tem não é uma pessoa boa, consequentemente você está dizendo para você mesmo que você não quer dinheiro. Busque mudar a forma de pensar! Admire quem é rico e busque aprender com essas pessoas!

→ HÁBITO RUIM 16: NUNCA ACHAR QUE TEM CONHECIMENTO

Esse é um péssimo hábito! Não subestime a sua capacidade.

Muita gente tem boas ideias, boas intenções e gastam tempo apenas afiando a faca, até que guardam na gaveta.

O mundo é dos "fazedores"! Se você não tem uma faca agora, busque outra forma de cortar. Se você tem uma faca que não corta, amole um pouco e comece!

Você não precisa saber tudo, todos os detalhes sobre algo para começar a fazer e ter resultados!

Para sair do endividamento, você não precisa ser um especialista em matemática ou ter formação na área: basta colocar o simples em prática, sempre gastando menos do que recebe e aplicando o plano prático que você verá no final deste livro.

> Conhecimento sem prática apenas dentro da cabeça é um desperdício!

> O caminho se faz caminhando! Comece e busque saber o próximo passo e você chegará ao seu destino!

→ HÁBITO RUIM 17: TRATAR O ASSUNTO COM SARCASMO

Tratar o dinheiro sem a devida importância, com deboche, sarcasmo, inveja ou avareza vai fazer você andar em círculos e dificultar sua saída de uma situação financeiramente complicada.

Ainda mais grave, falar de forma desrespeitosa sobre isso cria uma relação pouco saudável e conflituosa com o dinheiro. Ele é como uma pessoa: se você trata ou fala mal do dinheiro, é difícil esperar que ele te trate de forma diferente!

> DINHEIRO NÃO GARANTE A FELICIDADE. MAS A FALTA DE DINHEIRO GARANTE UMA VIDA DIFÍCIL.

VAMOS PRATICAR!

3: Assinale (V) Verdadeiro ou (F) Falso.

A. (   ) O rico não entra no Reino dos Céus.

B. (   ) Eu vou ser próspero.

C. (   ) Dinheiro não é tão importante assim.

D. (   ) Trabalhar muito vai me garantir sair do endividamento.

E. (   ) Mais dinheiro não vai garantir minha saída do endividamento.

F. (   ) A culpa é da profissão que eu escolhi.

G. (   ) Devo medir e saber os meus gastos antes de terminar o mês.

H. (   ) Colhemos aquilo que plantamos.

I. (   ) O governo é responsável pela minha situação financeira atual.

J. (   ) Fazer faculdade é garantia de ser bem-sucedido.

K. (   ) Devo viver um degrau (ou mais) abaixo do padrão de vida que poderia ter com meu salário.

L. (   ) Se você tem pessoas prósperas ao seu redor, a chance de você se tornar próspero aumenta.

M. (   ) Sorteios, apostas e propostas de ganhos rápidos é uma boa alternativa para colocar meu dinheiro.

N. (   ) Casa própria é um ativo, que coloca dinheiro no meu bolso.

O. (   ) Devo agir rápido com relação às dívidas que tenho.

P. (   ) Preciso saber tudo e nos mínimos detalhes para começar um negócio.

3 A RODA DA PROSPERIDADE

OBJETIVO DO CAPÍTULO

Apresentar como funciona o mecanismo que torna as pessoas prósperas, baseando-se em princípios acessíveis e aplicáveis a qualquer pessoa.

Quando sua vida está cheia de dívidas, uma roda gira em um círculo vicioso, e nada parece conseguir parar essa roda. Trabalhar se torna um sacrifício, pois já se sabe que a maior parte da renda vai para pagar a dívida que só aumenta com juros dos erros cometidos no passado.

A questão é que a roda que você está girando está errada. E talvez esteja girando a roda certa, mas para o lado contrário.

O que você precisa fazer é girar a roda certa. E ela tem duas manivelas: o lado do dar e o do receber.

Para trocar a roda viciosa para a roda da prosperidade, é preciso começar a pensar diferente e colocar em prática os princípios e leis que definem esse novo lugar que você quer estar. Vamos a eles!

Princípios da roda da prosperidade

DECLARAR: Declaração cria realidade. Ex.: Quando a frase "eu os declaro marido e mulher" é dita, é criada uma realidade física e até jurídica. Quando você começa a declarar que o dinheiro é seu amigo e que você recebe mais do que gasta, isso começa a acontecer! Declarando que você é próspero, você passa a fazer coisas que as pessoas prósperas fazem e você vai se tornando próspero! Ao contrário, declarações do tipo "ah, se eu tivesse dinheiro" ou "nunca sobra dinheiro" criam o efeito contrário. Alinhe suas declarações aos seus sonhos, crenças e propósito de vida.

SOLICITAR: A iniciativa de pedir em seus pensamentos aquilo que você quer faz com que seu objetivo se torne ainda mais claro, com tudo conspirando a seu favor. Solicitar sem timidez aquilo que queremos é fundamental para que os desejos se transformem em realidade. O vendedor tímido termina o dia com o bolso vazio. Se você não tem carro, está em casa e quer ir ao shopping, nada vai acontecer se você não solicitar um transporte no aplicativo. É preciso também aprender a lidar com o "não", que é natural e faz parte de todo o processo. Imagine quantos "nãos" por dia recebe um vendedor? Criar identidade real com aquilo que você quer vai deixar o processo ainda mais efetivo. Lembre-se: você é o capitão do seu navio. É preciso que você construa o mapa e defina rota. Se não der boas indicações, irá para onde não deseja.

AGRADECER: A gratidão é mãe de todas as virtudes. Agradecer, curtir e ser feliz com o que você já conquistou, aproveitando tudo aquilo que você já tem até aqui é fundamental para conseguir alcançar o próximo passo. A gratidão cria uma realimentação positiva que faz a gente receber ainda mais. O perdão a pessoas que foram um empecilho nessa caminhada vai abrir caminho para você ir mais longe.

ARRISCAR: Arriscar é vencer o medo. Isso não quer dizer que você vai atravessar a Avenida Paulista de olhos vendados. No circo, um trapezista precisa soltar um trapézio e agarrar o outro que está vindo. Quanto maior o risco, normalmente maior o retorno. Com foco, atitude e colocando energia em direção aos seus sonhos, assumir riscos com inteligência vai te levar mais longe. Assumir riscos é ousar e, antes de mais nada, trabalhar com inteligência reduzindo os riscos e confiando. Se um bebê não arrisca, ele nunca aprenderia a andar. Muitas pessoas não querem andar por medo de cair. "Quem não arrisca não petisca."

A RODA DA PROSPERIDADE | 55

Veja na figura a roda da prosperidade em ação:

Roda da prosperidade - http://www.viverderendapassiva.com.br/2014/03/o-quadrante-doar-e-receber-roda-da.html

Praticando esses princípios você vai destravar as dificuldades que tem com dinheiro, liberando a riqueza e tendo resultados diferentes e melhores do que tem hoje. Exercite esses princípios no seu dia a dia e veja como tudo vai ficando mais leve, prazeroso e feliz!

Assim como você segue leis no seu trabalho ou para dirigir um carro, a prosperidade também tem leis que, se seguidas, permitirão que você participe da abundância de recursos que existem no mundo e que estão disponíveis para todos. Essas leis estão abaixo:

→ LEI DA RODA DA PROSPERIDADE: DAR

- Caridade: pessoas que dão para quem precisa. Ex.: agasalho para quem mora na rua. É dando que se recebe.

- Generosidade: pessoas que dão para quem não precisa. Ex.: camiseta para o pai no aniversário. Aqui você está dizendo para o seu subconsciente: "mesmo quem não precisa, ganha. Não preciso ficar carente para ganhar."

→ LEI DA RODA DA PROSPERIDADE: RECEBER

- Egoísta: pessoas que têm problemas em dar, só querem receber. Travam em um lado o giro da roda da prosperidade.

- Soberba: pessoas que têm problemas em receber, só dão. Fazem favores aos outros, mas têm dificuldade em receber favores. Aqui você está dizendo para o seu subconsciente: "no mundo só ganha quem precisa. Preciso ficar necessitado para ganhar." Travam em um lado o giro da roda da prosperidade.

→ EXISTEM AS PESSOAS QUE TRAVAM DE DOIS LADOS A RODA DA PROSPERIDADE:

- Estéreis: pessoas que não dão e nem recebem. É como uma terra seca do deserto.

→ E AINDA HÁ AS PESSOAS QUE LIBERAM O GIRO DOS DOIS LADOS DA RODA DA PROSPERIDADE:

- Prósperas: pessoas que sabem dar e receber. Poucas pessoas no mundo são assim. Elas têm dinheiro, saúde, amigos e aplicam os princípios e leis deste capítulo. Podem até ter seu dinheiro tirado ou falir que recuperam novamente.

Quem é próspero se sente feliz ao receber presentes. Elas simplesmente agradecem, e não ficam constrangidas. Já as pessoas com mentalidade pobre não conseguem receber presentes com tranquilidade. Podem achar que não têm direito de receber mais do que o pouco que tem.

Algumas pessoas podem até justificar a forma de ser. A dificuldade de receber vem do sentimento de não se sentir merecedor, ou por não acreditarem em si mesmas ou porque se punem por cometer erros. Outras pessoas podem reforçar frases do tipo "não preciso de nada e de ninguém" e deixam de aproveitar a abundância disponível, recebendo pouco.

Seguindo as leis da prosperidade, praticando a caridade, a generosidade e aprendendo a receber, a roda destrava por completo, girando melhor e mais rápido. Depois de algum tempo esse movimento se torna automático, levando a vida a fluir sem problemas financeiros, não havendo espaço para dívidas.

Tem muita abundância circulando por aí, inclusive de dinheiro. Há verbas nacionais e internacionais esperando por bons projetos, que muitas vezes simplesmente não são destinadas a ninguém, por falta de projetos habilitados. Há empregos incríveis que você pode ter e negócios muito lucrativos prontos para que você inicie.

VEJA MAIS

No link: https://www.gazetanews.com/entretenimento/2020/02/1205-a-roda-da-abundancia-----parte-i.html

Podemos resumir esses conceitos com o Quadrante de Abundância, proposto pelo Dr. Lair Ribeiro:

		DAR	
		DIFICULDADE	FACILIDADE
RECEBER	FACILIDADE	Egoístas	Prósperas
	DIFICULDADE	Estéreis	Soberbas

Quadrante da abundância — Baseado no livro ENRIQUECER — Ambição de muitos, realização de poucos — Dr. Lair Ribeiro

Depois de entender e aplicar a roda da prosperidade, identificar o estágio que você se encontra vai te ajudar a saber aonde você quer chegar. Existem quatro estágios que uma pessoa pode estar com relação a sua vida financeira. O objetivo é aumentar os níveis até atingir a independência financeira.

Nível nº 1: Sobrevivência. Gastando aquilo que ainda não recebeu. O futuro é sombrio. Está vendendo o almoço para comprar o jantar. Normalmente a pessoa vive com mais de um empréstimo consignado, faturas de cartão de crédito em atraso, tendo mais de um cartão e com o cheque especial da conta bancária em aberto. A vida está sem um propósito bem definido e desregulada!

Nível nº 2: Empatando. Gastando praticamente igual ao que recebe. Trocando seis por meia dúzia. O futuro é incerto. Normalmente tem um financiamento que toma boa parte do seu rendimento, como um carro, que vai sendo renovado assim que troca para um modelo mais novo. Geralmente tem também um financiamento habitacional que vai pressionar as finanças por décadas.

Nível nº 3: Sobrando dinheiro, mas usa mal. Está deixando o "dinheiro embaixo do colchão": consegue poupar, mas não investe ou investe mal. O futuro é mal construído. As chances de gastar o que sobra são grandes, já que o dinheiro fica perdido na conta-corrente sem destino, dentro da carteira ou em títulos de capitalização, por exemplo. Qualquer vento mais forte pode causar estragos na casa.

Nível nº 4: Liberdade financeira. Normalmente tem investimentos mais conservadores, como imóveis, poupança e CDBs. O futuro é construído contando com o trabalho. Toma decisões financeiras com maior tranquilidade, escolhendo realizar ou não um trabalho, por exemplo. Parar de trabalhar ainda não é uma opção, já que isso mantém seu padrão de vida. Não há preocupações excessivas com o dinheiro.

Nível nº 5: Independência financeira. O dinheiro bem investido gera mais dinheiro e isso permite viver indefinidamente com abundância. O futuro é próspero, garantindo bons frutos para sua família e para as próximas gerações! Trabalhar é uma opção e normalmente se faz isso unicamente por propósito de vida e prazer! É quando você não precisa fazer nada que você não gosta por causa de dinheiro e nem está deixando de fazer nada por falta de dinheiro. Não existem preocupações com o dinheiro. Esse é o estágio ideal que muitos gostariam de estar!

PARA SABER MAIS

Entenda melhor cada passo para alcançar a tão sonhada independência financeira

No link: https://www.financaspessoais.net.br/variedades/o-que-e-independencia-financeira-e-como-alcancar/

VAMOS PRATICAR!

4: Relacione a primeira coluna com a segunda coluna:

A. Liberdade Financeira

B. Sobrevivência

C. Independência financeira

D. Caridade

E. Generosidade

F. Egoístas

G. Soberbas

H. Estéreis

I. Prósperas

( ) Poucas pessoas no mundo são assim, sabem dar e receber.
( ) Têm dificuldade em receber favores.
( ) Não conseguem dar nem receber.
( ) O futuro é construído contando com o trabalho.
( ) Faz doação de alimentos para os necessitados.
( ) Tem dívidas e a vida está sem um propósito bem definido.
( ) Quem tem o costume de presentear familiares e amigos.
( ) O futuro é próspero, garantindo bons frutos para a família e para as próximas gerações.
( ) Só pensam em receber e não em dar.

4 A ÁRVORE QUE "FLORESCE" DINHEIRO

OBJETIVO DO CAPÍTULO

Mostrar que é possível multiplicar dinheiro a partir do seu próprio dinheiro, por meio de bons investimentos e com o tempo, sem precisar do dinheiro de outros.

A ÁRVORE QUE "FLORESCE" DINHEIRO | 63

J á parou para pensar nisso? Com certeza, na sua infância, você já viu uma imagem parecida com essa:

Árvore que nasce dinheiro - https://pixabay.com/pt/illustrations/dinheiro-%C3%A1rvore-do-dinheiro-3581678/

Ou outra parecida com essa:

Árvore de dinheiro - https://pixabay.com/pt/illustrations/empres%C3%A1rio-dinheiro-plano-trega-2875840/

Sabia que você pode ter uma árvore que floresce dinheiro? É muito simples, pensa comigo! Imagine que você tenha na sua casa um pedaço pequeno de terra, e lá você tenha uma horta. Você comprou sementes de tomates por R$2, preparou a terra, plantou as sementes e depois de cinco meses você tem os primeiros dez tomates. Você poderia ter comprado os mesmos 10 tomates por R$2, mas decidiu esperar 5 meses para nascer. Qual a vantagem disso?

A vantagem é que, se você souber cuidar bem da horta e tiver paciência, você nunca mais precisará comprar tomates na sua vida! Olha que fantástico! Os seus R$2 investidos em 5 meses fez com que você tivesse tomates para a vida inteira! Você vai deixar de gastar todo mês no supermercado com tomates!

Bom, talvez você não tenha se empolgado muito com isso. E tomate talvez não seja exatamente a sua fruta predileta.

Então, imagine que, em vez de tomates, você consiga plantar sementes de dinheiro. E, depois de certo tempo, imagine que você apanhe notas de dinheiro dos galhos da sua árvore!

A ideia é a mesma! Apenas os nomes que mudam. Para ter uma árvore que floresce dinheiro, você precisa ter as primeiras sementes, poupando um dinheiro inicial. Em vez de plantar, você vai investir! Quando plantamos sementes de tomates, devemos preparar a terra, adubando e nutrindo o solo. Nas finanças, os livros e as fontes especializadas no assunto cumprem esse papel, formatando o seu cérebro a pensar de forma próspera e preparando o terreno para o plantio.

Quando colocamos a água na terra, a planta usa a água para absorver nutrientes do solo e para produzir energia para viver. Da mesma forma, para manter seus investimentos vivos e bem nutridos, é necessário ficar atento às melhores opções disponíveis de rentabilidade, segurança e prazos naquele exato momento.

Investimentos - https://pixabay.com/pt/illustrations/investir-dinheiro-crescente-plano-3965215/

O sol ajuda a planta a produzir seu próprio alimento. Com o sol ela faz a fotossíntese, produzindo glicose, que é um açúcar utilizado como fonte de energia que mantém a planta viva. No mundo dos investimentos, os juros compostos são como um prêmio constante que cumpre esse papel, alimentando a quantia investida com mais dinheiro, fazendo-a multiplicar e aumentando de tamanho.

As pragas são ameaças ao crescimento da planta e ao desenvolvimento de seus frutos. O impulso de compras desnecessárias e o imediatismo são muitas vezes como as pragas, que impedem que o seu patrimônio floresça, matando a multiplicação do seu dinheiro.

Lançar mais sementes vai fazer aumentar sua plantação, gerando frutos que vão garantir sua independência. Além disso, você pode vender o que não usar. Esse processo é como poupar e investir todo mês, já que cada novo aporte vai somar a quantia total já investida, tendo um efeito acelerador maior ao longo do tempo, aumentando a sua riqueza.

Assim como as sementes de tomates vão se multiplicar depois de plantadas e não vão faltar, o seu dinheiro plantado em bons investimentos e bem cuidado vai nascer e se multiplicar ao longo do tempo. Veja de forma resumida como funciona a sua horta com notas de dinheiro:

TOMATES	DINHEIRO
Sementes	Poupança (aquilo que se guardou/economizou)
Plantar	Investir
Adubar a terra	Estudar sobre finanças
Colocar água	Analisar melhores opções de investimentos
Sol	Juros compostos ao seu favor
Combater as pragas	Conter o impulso de compras
Lançar mais sementes	Poupar e investir todo mês
Frutos	Dividendos e lucros

A conclusão a qual chegamos é que:

Quem tem uma vida apertada usa o dinheiro para trocar por coisas; quem tem uma vida próspera usa o dinheiro para gerar mais dinheiro.

Mudando a sua forma de pensar

Para sair de uma vez por todas do endividamento, é preciso pensar e fazer diferente do que sempre foi feito! E a primeira mudança é: evitar trocar dinheiro por coisas. Quando você faz isso, entra em um círculo vicioso que nunca acaba, você terá de comprar tomates a vida inteira! E para isso, terá que trabalhar a vida inteira!

> A ganância do homem é querer colher aquilo que nunca plantou.
> E para colher, é preciso paciência e dedicação constante.

Tudo isso é muito simples. Quer dizer que basta plantar dinheiro para colher mais dinheiro? É isso mesmo! Então, se é simples, por que todo mundo não faz isso? E a resposta é: porque, apesar de ser simples, não é fácil!

Caminhar é muito fácil, não é? Se somos adultos e temos completa capacidade motora, fazemos isso todos os dias sem nenhuma dificuldade. E até mesmo com prazer...

Andando na praia - https://pixabay.com/pt/photos/areia-p%C3%A9-estampas-imprime-andar-1122958/

Agora experimente fazer a mesma coisa, caminhar, só que assim:

Andando na corda bamba - https://pixabay.com/pt/illustrations/na-corda-bamba-p%C3%A9-equil%C3%ADbrio-corda-3273209/

Esse equilibrista faz a mesma coisa que nós: coloca um pé depois do outro, igual fazemos para caminhar. O processo é simples, do mesmo jeito. Mas por que não é fácil?

Porque o cenário mudou. Agora existe o medo de cair, o vento batendo no rosto, a emoção do momento...

Ser próspero não é tão difícil assim e nem exige que você arrisque a sua vida. Mas vai exigir que você saia da sua zona de conforto, tenha paciência de andar um passo de cada vez, aprenda a controlar seu cérebro e impulsos. O caminho vai parecer longo demais e a falta de paciência do processo lento pode atrapalhar o seu foco. O mais importante é começar a incluir bons hábitos na sua vida e não desistir!

E não é fácil também, pois você precisa ter uma estratégia e persistência! Assim como o equilibrista tentou muitas vezes se equilibrar em cima de um cabo de aço no chão, testou em uma altura menor, caiu muitas vezes em um colchão e se machucou algumas vezes, habituando-se àquilo e conseguindo depois de meses de treinamento atravessar dois prédios andando, é preciso fazer o mesmo com as finanças. Da mesma forma que o vento pode desequilibrar, um desejo de compra por impulso pode balançar os seus objetivos financeiros.

Lembre-se: pensamento gera sentimento que gera comportamento. Primeiro trabalhe a sua mente, organizando seus pensamentos acreditando que é possível e com fé que você vai conseguir. Esses pensamentos vão gerar um bem-estar e você vai se imaginar em uma situação livre e dono do seu próprio destino. O sentimento vai possibilitar um comportamento diferente com o dinheiro, levando a sua realidade à prosperidade. No final deste livro, você tem um modelo para vencer essa situação!

COMO ACABAR COM AS DÍVIDAS E VIVER UMA VIDA MAIS FELIZ

VAMOS PRATICAR!

5: Relacione a primeira coluna com a segunda coluna.

1. Posso me endividar ao
2. Frutos
3. Conseguir e lançar mais sementes
4. Plantar
5. Sementes
6. Adubar a terra
7. Combater as pragas
8. Sol
9. Regar

( ) aquilo que economizou ou poupou por mês.

( ) estudar sobre finanças.

( ) escolher a melhor opção de investimento.

( ) lucros e dividendos de se investir.

( ) poupar e investir todo mês.

( ) conter o impulso de comprar coisas.

( ) investir.

( ) trocar dinheiro por coisas.

( ) juros compostos rendendo dinheiro.

5 VERDADES E BONS HÁBITOS

OBJETIVO DO CAPÍTULO

Mostrar princípios valiosos que servem para reprogramar a mente daqueles que querem fazer bom uso do dinheiro, tendo um bom relacionamento com ele durante toda a vida.

Hábitos são criados e desenvolvidos desde criança. Muitos deles são passados de pais para filhos. Um filho que vive em um ambiente em que os pais não se importam com os gastos, convive com dívidas e empréstimos, desenvolve uma tendência natural de repetir esse mesmo comportamento quando adulto.

Assim, o indivíduo começa a sua vida profissional refém do mercado, que quer de todas as maneiras fazer com que ele transfira o dinheiro obtido com o seu esforço para a compra de bens, produtos e serviços que muitas das vezes são caros e desnecessários para a sua vida. E para piorar, para bens de alto preço, como casas e veículos, o financiamento cai como uma luva, fazendo com que muitas pessoas fiquem anos de suas vidas pagando juros aos outros para antecipar o uso no presente.

Dessa forma, muitas pessoas passam a vida inteira em um círculo vicioso, trabalhando para pagar dívidas contraídas de bens algumas vezes supérfluos, juros de empréstimos e financiamentos feitos na hora errada, para adquirir bens que estão acima da sua condição financeira e pagando um alto preço durante décadas.

A ideia é que você mude os hábitos que tem hoje e comece a praticar hábitos prósperos. Assim como você não faz grandes esforços para escovar os dentes todos os dias, vamos apresentar alguns hábitos bons para que você cultive e coloque sua vida em um círculo virtuoso automático depois de algum tempo.

Antes disso, vamos definir algumas verdades e bons hábitos para chegar lá!

→ VERDADE 1: SÓ DEPENDE DE VOCÊ

Ninguém é responsável pelo seu sucesso ou insucesso financeiro. Nem a sua família, nem a crise, nem o governo e muito menos o seu chefe. Tudo só depende de você.

Assumir essa responsabilidade de verdade vai fazer você colocar os olhos unicamente na sua vida, sem distrações do noticiário, da vida de outras pessoas ou dos programas na TV que somente desagregam. Focar o seu projeto e naquilo que você pode melhorar e fazer diferente para ter resultados diferentes vai te estimular cada vez mais a ter mais dinheiro ao longo do tempo.

Reclamar não adianta nada. Repetir coisas como "Não vou conseguir", "Sou burro" e "Ricos têm sorte e pobres têm azar" é um mau hábito que só te ajuda a ficar parado. Thomas Corley descobriu que 80% dos ricos acreditam em si mesmos e atribuem seu sucesso ao próprio esforço. Então espante o pessimismo!

→ VERDADE 2: NÃO HÁ NADA DE MAL EM SER RICO

Existe uma crença em nosso país de que ser rico é algo ruim. Algo impuro ou quase que um pecado, sinônimo de alguém que é corrupto ou que joga sujo. Frases como "sou pobre, mas sou limpinho" traz consigo uma cultura que vivemos há anos de falta de humildade, de pureza ou de honestidade por parte de quem é rico.

A verdade é que essas qualidades ruins não estão ligadas obrigatoriamente a quem tem dinheiro. Existem ricos honestos, humildes e boas pessoas. Assim como existem pobres que são desonestos, soberbos e pessoas más. A falta ou a abundância de dinheiro não deve ser motivo de preconceito, vergonha, medo ou preocupação.

Pensar que há algo de errado em ser rico vai te afastar naturalmente de ser rico. Faz todo o sentido! Lembre-se que ter dinheiro te dará mais possibilidades na vida, evitará alguns problemas, dará a você mais liberdade e mais oportunidades de ajudar sua família e pessoas que precisam, contribuindo para a melhoria da sociedade.

→ VERDADE 3: PESSOAS COM A MENTALIDADE RICA PREFEREM SER REMUNERADAS POR SEUS RESULTADOS; PESSOAS COM A MENTALIDADE POBRE PREFEREM SER REMUNERADAS PELO TEMPO QUE GASTAM

As pessoas prósperas sabem que aquilo que produzem vai trazer benefícios para as pessoas próximas e a seus clientes. Quando elas fazem o serviço, fazem com empenho e excelência, pois têm consciência de seu propósito e de onde querem chegar. Normalmente, causam um impacto positivo para a sociedade, gerando valor ao que fazem.

Não há nada de mal em ter um emprego estável com um bom contracheque no final do mês e um limite de horas trabalhadas na semana. É preciso ter consciência de que a capacidade que você tem vai além de um número. Se você demonstrar por meio do seu trabalho uma capacidade superior, na forma de resultados, aquilo que você recebe terá um aumento.

Caso você tenha metas de produtividade, terá a oportunidade de multiplicar esse número de acordo com o seu empenho, colocando o seu potencial em ação. Caso seja um empreendedor, com o tempo a capacidade de geração de lucro dos produtos ou serviços que oferece pode fazer você ter ganhos ilimitados todo mês.

Se você trabalha para alguém como se fosse seu negócio, seu chefe, com certeza, verá suas qualidades com o passar do tempo. Dessa forma, você terá chances de:

- Propor o recebimento de um salário variável vinculado ao atingimento de metas extras, além do seu salário fixo;

- Com o passar do tempo, propor uma sociedade ou ser um franqueado da empresa, saindo da situação de empregado para a de empreendedor.

→ HÁBITO BOM 1: FAÇA MAIS E FALE MENOS

Falar sobre seus planos, seus próximos passos, suas ambições e seus sonhos pode ser perigoso. Apesar de a maioria das pessoas ao nosso redor até torcer pelo nosso bem, o ser humano é uma criatura complexa e muitos não querem que você esteja melhor do que eles, por inveja e frustração. E normalmente essas pessoas estão mais próximas do que a gente imagina, infelizmente!

Selecione bem as pessoas com as quais você compartilha seus sonhos e conquistas.

Colocar o foco na execução das metas e planos para alcançar aquilo que você quer é sempre a melhor escolha. Thomas Corley pesquisou sobre isso e chegou à conclusão que:

- 6% dos ricos dizem para as pessoas o que estão pensando.

- 69% dos pobres falam para os outros o que estão pensando.

De qual grupo você quer fazer parte?

→ HÁBITO BOM 2: TENHA UM LIMITE MÁXIMO DE GASTOS POR MÊS

Tenha uma atenção especial aqui. É um dos hábitos mais importantes para quem quer sair do endividamento! Mesmo que você não esteja nessa situação, você deve ter um limite máximo de gastos por mês. E o limite do seu cartão de crédito também deve seguir em linha com essa limitação.

Suponha que você ganhe R$4 mil por mês e que seus gastos fixos que incluem pagamentos por boletos/débito automático ficam em torno de R$1 mil. Se você tem o hábito de usar o cartão de crédito para todos os seus gastos, é possível colocar o limite máximo de seu (único) cartão de crédito em torno de R$2.500 e o restante (R$500) fica reservado para pagamento de dívidas ou investimentos.

O limite de gastos totais nesse caso ficou assim: R$2.500 (cartão de crédito) + R$1.000 (boletos/débito automático) = R$3.500

Dessa forma, quando chegar o fim do mês você não terá surpresas!

> Cerca de um terço dos brasileiros que usam cartão de crédito nem sabe qual é o limite! (Fonte SPC Brasil)

→ HÁBITO BOM 3: DIVIDA O MÊS EM SEMANAS

Para todo grande problema, como estar endividado, dividir em partes vai fazer você conseguir ter uma visão mais clara do que fazer em cada etapa, facilitando o acompanhamento e controlando seu desenvolvimento.

Exercite esse hábito: divida o mês em semanas (por exemplo, 4), pegue o que você recebe no mês (Ex.: R$2.200 líquido) e divida pela quantidade de semanas desse mês (Ex.: R$2.200÷4 = quase R$500). Ou seja, posso gastar no máximo 500 reais por semana (os R$200 são seu dízimo pessoal — 10% — para você poupar). No final de cada semana, confira se você chegou à meta. Se na primeira semana você ultrapassou o limite, na segunda semana você compensará o exagero, até que na última semana você consiga passar o mês sem empréstimos ou cheque especial. Simples assim!

FAÇA VOCÊ MESMO!

Recebi no mês passado (descontado os impostos e contribuições): R$_____

x: Tirar 10% do que recebi (dízimo pessoal): R$_____

y: Quantas semanas tem esse mês: _____ semanas

z: Quanto posso gastar por semana (x÷y): R$_____ por semana

Se gastei R$_____ (z+R$200,00) na primeira semana, tenho que gastar R$_____ (z-R$200,00) na próxima semana... caso não consiga, compensar na terceira e assim por diante.

→ HÁBITO BOM 4: PAGUE SUAS CONTAS LOGO DEPOIS DO RECEBIMENTO

Mude a data de vencimento de suas contas para alguns dias depois da data do recebimento do seu salário ou pró-labore. Assim fica fácil se organizar: o dinheiro entra, você se paga e depois você paga todas as contas do mês. Colocar a fatura no débito automático, recebendo-a por e-mail em uma data única pode ser ainda melhor, com a possibilidade de ganhar desconto da empresa por conta disso.

Ex.: Você recebe seu salário ou pró-labore todo dia 1 de cada mês. Coloque todas as suas contas para vencer no dia 5.

→ HÁBITO BOM 5: CONTE APENAS COM SUA RECEITA FIXA

Contar com um aumento ou com a parte variável do seu salário pode complicar seu orçamento mensal. Isso vai evitar aquelas "surpresas" que aparecem no fim do mês para pagar!

Se tudo aquilo que você recebe fixo no mês está destinado a quitar seus gastos mensais, caso você receba algo a mais como comissões, bônus ou fontes alternativas de renda, destine isso para quitar dívidas e futuramente para investimentos.

Isso vai ajudar você a se planejar para diminuir seus débitos, acelerando todo o processo. Investimentos no futuro farão o seu dinheiro se multiplicar, se forem feitos com inteligência, trazendo maior segurança e liberdade para sua vida.

→ HÁBITO BOM 6: TENHA UM OBJETIVO BEM DEFINIDO PARA POUPAR SEU DINHEIRO

Tenha um sonho ou objetivo bem definido. Isso vai fazer você criar motivação e disciplina para poupar, a fim de alcançá-lo. No caso da compra de um imóvel ou da aposentadoria, seus objetivos podem demorar anos ou décadas para serem alcançados.

Nesses casos, é importante monitorar seu progresso ao longo do tempo, dividindo a quantia total necessária para comprar o bem pela quantidade de meses até lá, poupando esse resultado e investindo todo mês para acelerar o processo. Ao longo desse tempo, é importante você se dar alguns "prêmios" por executar esse plano, como uma viagem em família ou um jantar especial.

> Quando você dá real valor àquilo que você tem e ao seu dinheiro, ele te retribui, dando cada vez mais valor a você!

→ HÁBITO BOM 7: LEIA MAIS

A leitura é um dos passatempos mais benéficos e baratos que existem. Hoje com a internet é possível encontrar muito conteúdo escrito de qualidade sobre diversos assuntos.

Com isso, você pode aprender algo novo, melhorar sua capacidade de comunicação e se tornar uma pessoa melhor. Além disso, as chances de você ligar a TV diminuem (e, consequentemente, as de consumo também).

Ler é uma forma de acessar as mentes mais brilhantes do mundo, sem sair de casa e evitando cometer alguns erros desnecessários no caminho. Thomas Corley pesquisou isso e chegou à conclusão que:

- 86% dos ricos amam ler.

- Apenas 26% dos pobres gostam de ler.

De qual desses grupos você quer fazer parte?

→ HÁBITO BOM 8. FAÇA MAIS ATIVIDADES FÍSICAS

Aproveitar atividades ao ar livre, em parques, caminhadas, corridas e alongamentos, ou mesmo se exercitar dentro de uma academia ou em sua própria casa pode trazer grandes benefícios para a sua saúde. Alguns minutos durante a semana são suficientes para fazer essas atividades. Além de evitar doenças, seus custos com medicamentos e consultas tendem a diminuir no médio prazo.

Thomas Corley pesquisou sobre isso e chegou à conclusão que:

- 76% dos ricos se exercitam quatro vezes por semana.

- 23% dos pobres se exercitam quatro vezes por semana.

De qual grupo você quer fazer parte?

→ HÁBITO BOM 9: COMPARTILHE SEUS SONHOS COM AS PESSOAS QUE TE AMAM DE VERDADE

Se você passar um tempo com as pessoas que você mais ama e chegar a um consenso sobre os seus sonhos, pode ficar mais fácil se planejar para colocá-los em prática.

Definir um grande objetivo, audacioso, de forma conjunta, encorajando um ao outro a se planejar financeiramente para isso, pode fazer você alcançar seus sonhos de forma mais fácil e natural, evitando distrações com gastos desnecessários, focando um propósito comum.

→ HÁBITO BOM 10: FALE SOBRE DINHEIRO EM FAMÍLIA

Para quem tem um cônjuge e/ou filhos, o tema finanças deve fazer parte do dia a dia da família. Transparência e sinceridade são os caminhos mais fáceis para conseguir organizar a situação financeira, além de deixar claros objetivos e metas, tornando esse processo mais leve, motivante e gratificante quando feito em conjunto.

Mais do que uma forma de poupar e reequilibrar suas finanças, isso evita que a falta de clareza com o dinheiro possa minar a sua relação conjugal, motivo de grande parte dos divórcios. Por outro lado, bons hábitos financeiros praticados fazem com que seja criado um clima de prosperidade, no qual a união de mais de uma mente promove o sucesso financeiro do grupo familiar, tornando-o maior do que se feito separadamente.

→ HÁBITO BOM 11: ENCONTRE INSPIRAÇÃO PARA TOMAR ATITUDES INTELIGENTES

Podemos ser inspirados por nossos filhos, pelo nosso cônjuge ou até mesmo por um mentor a fazer mudanças em nossas vidas.

Criar hábitos financeiramente saudáveis e novos, como evitar gastos supérfluos e controlar os gastos durante a semana em vez de deixar estourar no fim do mês, podem ser aprendidos e pessoas próximas podem ajudar muito. Para manter isso em mente, deixar isso visível para você é uma estratégia simples que funciona bastante.

Manter uma foto do filho na carteira, programar lembretes diários no celular ou deixados em papel escritos em lugares que você visualize frequentemente, como na tela do computador ou na porta da geladeira vão treinar sua mente a trabalhar a favor dos seus novos e melhores hábitos financeiros, trazendo benefícios também àqueles ao seu redor.

→ HÁBITO BOM 12: NUNCA PERCA DINHEIRO

Seja um "detestador" de perdas. Cuide para que o dinheiro não se perca de você, em qualquer ocasião. Seja ele nos negócios, da sua carteira, em investimentos ruins no banco... Se você trocou o seu tempo de trabalho por dinheiro e trocou dinheiro por algo que te trouxe perdas ou desperdício, crie o hábito de não aceitar isso!

Por exemplo, já parou para pensar em quantos milhões de pessoas passam fome aguda no mundo? Agora pare para pensar na comida que você jogou fora esse mês. Sejam elas sobras de alimentos que restaram, por esquecimento, por falta de apetite, vencimento da data de validade, e outros. Não importa o motivo. Importa que você trabalhou para ter o dinheiro equivalente àquilo, dirigiu até o supermercado, escolheu, entrou na fila, carregou e levou até a sua geladeira, conservando lá dentro por muitos dias. E depois de todo esse custo de tempo e esforço, ainda desperdiçou dinheiro. Mude isso!

Existem técnicas de aproveitamento de alimentos que você pode estudar. Por exemplo, reutilizar o que sobrou da refeição anterior pode ser muito gostoso e criativo. Você pode usar o que restou como base para um prato totalmente novo! Aplique isso em outras ocasiões da sua vida!

→ HÁBITO BOM 13: QUANDO VIAJAR, BUSQUE COMIDAS E BEBIDAS MAIS BARATAS

Seja em viagens de avião ou carro, planeje levar uma garrafa de água e lanches práticos que você pode comer facilmente em qualquer lugar. Além de atrasar a viagem, você acaba se alimentando com algo que algumas vezes não agrada ou que simplesmente você não consegue encontrar quando a fome bater. No caso de aeroportos tudo é muito caro e é bom evitar alguns gastos desnecessários.

Ao chegar à cidade de destino, uma boa opção para alternar com a ida aos restaurantes é encontrar um bom supermercado, que você pode comprar bebidas e comidas que podem substituir lanches e até mesmo algumas refeições.

→ HÁBITO BOM 14: QUANDO GASTAR, FAÇA UMA COMPRA PENSANDO NA REAL NECESSIDADE

A nossa sociedade estimula nosso consumo a todo o momento. Algumas coisas são realmente essenciais, algumas delas são relevantes e outras são desnecessárias. Aprender a dar o foco naquilo que é realmente essencial na sua vida, fazendo boas compras você viverá melhor e com mais prosperidade.

Por exemplo, já parou para pensar que você passa 1/3 da sua vida deitado em uma cama dormindo?

Uma noite de sono com qualidade faz muito bem para a saúde! Renova suas energias, prolonga sua vida e impacta a sua produtividade. E se você não tem a oportunidade de dormir muitas horas por dia ou não dorme tão bem por conta de outros fatores, ter uma cama boa te ajudaria muito a dormir melhor!

Pensando assim, faz muito sentido investir em uma cama mais confortável, que pode alinhar melhor o seu corpo durante horas, melhorando sua respiração e com mais espaço para descansar.

Comprar coisas que afetam diretamente sua saúde e a sua produtividade é melhor que comprar coisas supérfluas que atrapalham o seu dia a dia, ocupam espaço, que desvalorizam muito com o tempo e que acrescentam pouco ou nada para a sua evolução como pessoa. Às vezes, algumas dessas coisas podem até prejudicar sua qualidade de vida!

Deixo uma pergunta para reflexão. O que faz mais sentido: comprar a melhor cama do mercado ou a melhor televisão do mercado?

VAMOS PRATICAR!

6: Assinale (V) Verdadeiro ou (F) Falso.

A. ( ) Juntar dinheiro para a faculdade do meu filho recém-nascido é uma meta financeira bem definida.

B. ( ) Investir R$300 por mês durante 18 anos é uma meta financeira bem definida.

C. ( ) Não tem problema nenhum falar para as pessoas sobre os meus próximos passos ou sonhos.

D. ( ) Eu devo ter um limite máximo de gastos por mês.

E. ( ) Não é uma boa prática colocar a data de vencimento das minhas contas antes da data de recebimento do meu salário ou pró-labore.

F. ( ) É uma boa prática colocar a data de vencimento das minhas contas em um mesmo dia.

G. ( ) Não tem problema nenhum assistir à TV o tempo que eu quiser.

H. ( ) Para ter um limite de gastos no mês é só diminuir o limite do cartão de crédito.

I. ( ) O meu sucesso depende do meu próprio esforço.

J. ( ) Faz mais sentido comprar a melhor cama do mercado que a melhor TV do mercado.

K. ( ) Musculação ou corrida com frequência não faz diferença nenhuma na minha vida financeira.

L. ( ) Ler é barato, traz conhecimento e pode me ajudar a ter mais dinheiro.

M. ( ) Manter segredos financeiros na minha relação com a família pode trazer grandes problemas.

N. ( ) É bom ter alguém ou um propósito maior para se inspirar na hora de cuidar do meu dinheiro.

O. ( ) É normal desperdiçar alimentos no dia a dia em minha casa.

P. ( ) Levar água e alimentos de casa pode me fazer economizar bastante quando saio.

6 COMO GASTAR MENOS DINHEIRO

OBJETIVO DO CAPÍTULO

Sugerir dicas práticas, que fazem a diferença na luta contra uma vida pressionada por dívidas, acessíveis e aplicáveis à maioria das pessoas.

Muitas pessoas dão bastante importância em receber mais dinheiro. Trabalham muito, fazem cursos, buscam um novo emprego e lutam por uma promoção no trabalho. Valorizam isso e têm um bom holerite como status e reconhecimento social.

É claro que isso é importante e não há nada de mal em ter ambição por conquistar mais! A questão é que, ao dar muita importância a isso, muitas pessoas acabam esquecendo de dar importância com a forma como gastam, com o que gastam e, em grande parte das vezes, ignoram como investir melhor o que recebem, de forma que o dinheiro trabalhe para eles.

> "Regra número 1: nunca perca dinheiro. Regra número 2: não esqueça a regra número 1." (Warren Buffett)

Para chegar à liberdade das dívidas, deixar de lado o que se gasta é um erro comum e fatal. De que adianta ter uma boa renda, gastar mal e muitas vezes cultivar dívidas? Ter um bom salário é só a primeira parte do cálculo. É necessário saber gastar e aprender a viver gastando menos com coisas que fazem o patrimônio diminuir com o tempo.

Na imagem abaixo comparamos uma pessoa que recebe uma boa quantia e que gasta muito. Veja que a quantia poupada (formando a abastança) é a mesma de uma pessoa que recebe menos e gasta menos!

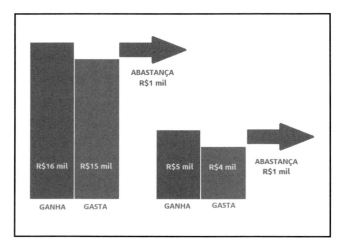

Família 1 x Família 2 — Fonte: o autor

Independentemente do quanto você tem de renda mensal hoje, você vai aprender de forma prática como poupar dinheiro, evitando gastos que muitas vezes não são revertidos para bens que multiplicam seu patrimônio, fazendo com que a diferença entre o que você recebe e o que você gasta (abastança) aumente! A abastança é o tempo que você tem para viver caso perca todas as suas fontes de renda (o emprego, por exemplo). É ela que vai fazer você evitar precisar trocar tempo por dinheiro ao longo do tempo.

Destaquei as principais práticas a seguir que funcionaram com clientes da consultoria e que uso pessoalmente na minha vida. Reflita a respeito do seu caso e tente aplicá-las o máximo possível no seu dia a dia. Precisa economizar? Então vamos lá!

→ 1. TENTE FAZER E CONSERTAR VOCÊ MESMO

Anos atrás era mais difícil encontrar formas de se conseguir consertar ou fazer coisas. Hoje, com a internet, é possível encontrar tutoriais online e vídeos que mostram como consertar ou fazer quase tudo e de graça. Aprender uma nova habilidade não faz mal a ninguém. Pode ser um momento desafiante, de integração com a família, que estimula a criatividade, desestressante e divertido. Vale a pena experimentar!

Ex.: instalar o chuveiro, consertar o varal, montar uma mesa, formatar o computador.

→ 2. BUSQUE EVENTOS GRATUITOS NA CIDADE

Muitas cidades possuem parques maravilhosos para caminhada, corrida ou para um piquenique, opções de esportes a serem realizados ao ar livre, trilhas, peças teatrais apenas te esperando — e de graça. Tudo o que você tem a fazer é descobrir onde eles se encontram e sair da rotina!

→ 3. BEBA MAIS ÁGUA

Beber água tem muitos benefícios para a saúde. Ela ajuda a regular a temperatura do corpo, participa de reações químicas e enzimáticas, hidrata a parede do intestino e elimina impurezas do corpo e muito mais! Isso evita vários problemas de saúde que o levariam ao médico e a compra de medicamentos.

Ela favorece a absorção dos nutrientes responsáveis pelo equilíbrio e pela hidratação da pele, podendo reduzir o consumo de cosméticos industrializados. Além disso, ela hidrata e tem sais minerais.

Escolher a água como sua principal bebida do dia a dia faz você evitar substituí-la por refrigerantes e outras bebidas ricas em açúcar, que além de caras, não trazem benefícios para a sua saúde. Investir em um bom filtro, além de proporcionar uma água de qualidade a um custo baixíssimo, evita que você compre galões e garrafas de água toda semana durante anos.

→ 4. LIMPE/TROQUE O FILTRO DE AR DO CARRO

A maioria dos automóveis deve ter seu filtro de ar substituído a cada 25 mil km.

O filtro de ar do carro começa a ficar entupido com poeira depois de alguns milhares de quilômetros — e quando isso acontece, o fluxo de ar sob o capô fica mais lento, e seu carro fica menos eficiente, consumindo mais combustível.

Um filtro de ar sujo pode gastar até 7% a mais de combustível. Assim, com a limpeza ou troca do filtro, você preserva o seu bolso, além da sua saúde.

A limpeza leva poucos minutos e você mesmo pode fazer em casa! Essa mesma lógica vale para geladeiras, secadoras, ar-condicionado e similares. Quanto menos poeira você tiver bloqueando a mecânica desses dispositivos, melhor!

→ 5. PLANEJE SUAS COMPRAS BASEADO NAS OFERTAS DO SUPERMERCADO

Em vez de criar a sua própria lista de compras, planeje o que comprará em torno do que está sendo vendido em promoção nos supermercados, com base na média dos preços. Assim, é possível preparar suas refeições com esses itens que estão com preços melhores.

Para isso, é recomendável ficar de olho em promoções e ir com mais frequência aos supermercados próximos ou no caminho de sua casa. Você vai perceber o quanto gastou menos do que de costume.

Uma coisa que gosto de fazer é sempre comprar itens que estão com o preço abaixo do comum. Escolher frutas da estação, alguns itens mais próximos da data de validade, marca própria da loja ou a versão genérica. Da próxima vez que vou ao supermercado, normalmente outros itens estão em promoção, garantindo a diversificação dos produtos.

Outra boa prática é fazer uma compra em maior quantidade e de longa duração. Você pode incluir produtos não perecíveis de limpeza, higiene e alguns produtos industrializados com data de validade de vários meses e que você usa com muita frequência, tendo um bom desconto. Nesse caso, os "atacarejos", supermercados que vendem produtos em pacotes e caixas com maior quantidade são ótimas opções, evitando algumas idas desnecessárias ao supermercado.

Outra boa prática é não fazer compras com o estômago vazio. Você já deve ter ouvido falar que ir ao supermercado com fome faz você gastar mais. A novidade é que isso também pode acontecer com outras compras: sapatos, roupas e brinquedos, por exemplo. O pesquisador Alison Jing Xu, da Universidade de Minnesota, EUA, descobriu que 64% das pessoas gastavam mais quando estavam de barriga vazia.

→ 6. DESLIGUE A TELEVISÃO

Uma boa maneira de poupar dinheiro é reduzir o tempo que você fica em frente à televisão.

Há uma série de benefícios financeiros nisso: menor exposição aos anúncios que estimulam o consumo, menor custo com energia elétrica (e, talvez, uma conta menor da TV por assinatura, caso você diminua seu pacote de serviços), e, especialmente, mais tempo para se concentrar em coisas mais importantes da vida, como passar tempo de qualidade com a família, ler um livro ou desenvolver um novo negócio.

O conteúdo adquirido assistindo à televisão em geral é superficial e volátil. Notícias que já no próximo dia não serão mais úteis, tragédias, histórias de intrigas, traições e mortes são transmitidas para que o telespectador se torne uma pessoa que desenvolva cada vez mais medo e se torne refém do sistema, tornando-se uma presa vulnerável ao consumo, além de cultivar todas essas coisas negativas em sua mente. Thomas Corley pesquisou isso e chegou à conclusão que:

- 6% dos ricos assistem a "reality shows" na TV.

- Quase 80% dos pobres assistem a "reality shows" na TV.

A mesma pesquisa indicou que 63% dos milionários gastam 1 hora ou menos por dia vendo coisas online sem relação com o trabalho. Diante da TV, os milionários que gastam 1 hora ou menos por dia assistindo é de 66%. A pesquisa ainda aponta que entre aqueles que não são milionários, 77% responderam que costumam passar bem mais que 60 minutos assistindo à TV.

> Então, a decisão é sua! Você quer fazer parte de qual grupo?

→ 7. EVITE A COMPRA POR ESTRESSE, CONSOLO OU IMPULSO

É fácil justificar o gasto de dinheiro apenas para relaxar após um dia estressante. A justificativa normalmente é: eu mereço.

A questão aqui não é de merecimento. Em vez de comprar coisas que você não precisa para se sentir melhor, busque outras maneiras de se desestressar.

O exercício físico é sempre uma boa opção, assim como a meditação e até mesmo um cochilo. Ler, assistir filmes e fazer atividades domésticas são boas escolhas também. Gastar dinheiro não reduzirá o seu estresse no longo prazo, pelo contrário!

Muitas vezes confundimos necessidade e desejo, e as chances de gastar sem necessidade aumentam muito. E caímos na tentação das compras por impulso!

Você deve fazer as seguintes perguntas a si mesmo: Preciso mesmo? Se eu não comprar, vai realmente fazer falta? Cabe no meu orçamento? Se a resposta para alguma dessas perguntas for não, o melhor é guardar o dinheiro para um uso melhor.

Construir uma forma de pensar em que você domina sua própria mente o deixará capaz de neutralizar seus impulsos, dizendo não ao imediatismo e a gastos desnecessários.

→ 8. USE A REGRA DOS 10 SEGUNDOS

Sempre que você for ao supermercado e colocar algo no carrinho, pare por dez segundos e pergunte a você mesmo por que está comprando aquilo.

Reflita se você realmente precisa. Se não conseguir encontrar uma boa resposta, devolva o item para a prateleira. Isso impedirá que você faça compras por impulso ou sem real necessidade, fazendo você economizar todos os meses.

→ 9. MANTENHA SUAS MÃOS LIMPAS

Segundo a OMS e a UNICEF, é possível reduzir em até 40% a incidência de infecções simplesmente lavando as mãos. Outra pesquisa, realizada na USP, mostra que dez doenças podem ser evitadas com essa prática.

São elas: infecção estomacal, infecção respiratória, gripes, resfriados, diarreia, doenças de pele, espinhas, dor de garganta e infecção nos ouvidos. Você economiza em despesas médicas, com remédios e evita a perda da sua produtividade.

→ 10. COLOQUE LÂMPADAS DE LED NA SUA CASA

Lâmpadas mais eficientes podem custar um pouco mais que as comuns, mas elas têm uma vida útil mais longa do que as lâmpadas incandescentes normais e gastam muito menos energia elétrica. Além de iluminar mais e esquentar menos, a conta de energia vai ser menor nos próximos meses, principalmente se você apagar a luz sempre que sair de algum cômodo!

→ 11. EVITE FAST-FOODS E ALIMENTOS INDUSTRIALIZADOS

Esses produtos alimentícios podem ser baratos, mas trazem prejuízos a saúde e te deixarão com fome mais rápido. Fazer algumas substituições simples e saudáveis, com alimentos ricos em fibras e ovos, por exemplo, vai te trazer saciedade por mais tempo, ficando até mais barato se escolhidos com sabedoria.

Preparar uma maior quantidade de comida aos finais de semana pode garantir uma infinidade de opções de refeições e lanches baratos, que podem servir para toda a semana seguinte. E preparar os alimentos com antecedência pode evitar o consumo excessivo fora de casa.

Thomas Corley pesquisou sobre alimentação e chegou à conclusão que:

- 70% dos ricos comem menos que 300 calorias de comida não saudável por dia.

- 97% dos pobres comem mais que 300 calorias de comida não saudável por dia.

De qual desses grupos você quer fazer parte?

> Prepare algumas refeições em casa. Opções baratas e saudáveis e que unem a família!

→ 12. ATENÇÃO ÀS DATAS COMEMORATIVAS

Alguns presentes podem sofrer variação de preço de mais de 400% nessas datas!

Se você pretende dar presentes mais simples, algumas opções como vinhos e outras bebidas alcoólicas podem ser encontradas com até nenhuma variação de preço. Evitar a compra de produtos muito visados na data, como eletrônicos no Natal, pode preservar o seu bolso de um golpe duro.

Se você não conseguiu fazer a compra com antecedência, vale pensar nisso! Uma conversa com a família, amigos ou companheiro(a) ajuda nesse processo de mudança de costumes.

Algumas lojas fazem megaliquidações após a data, como no Natal. Vale a pena ficar de olho!

Você pode usar essa técnica no Dia dos Namorados, Dia das Mães/Pais e em outras datas comemorativas nacionais. Esperar alguns dias após a data costuma ser uma boa opção, já que os preços costumam diminuir.

Outra ideia é comprar aqueles presentes de maior preço já no final de outubro, no caso do Natal por exemplo. As compras pela internet em geral podem sair mais em conta, se forem feitas com uma busca mais detalhada e com antecedência.

Comprar com antecedência de algumas semanas pode ser uma boa prática e o início do ano geralmente vem com grandes descontos se comparado aos outros meses do ano. Se você precisa trocar eletrodomésticos, fazer reformas ou precisa fazer compras maiores, concentre suas compras em janeiro, que costuma ser um mês com grandes descontos.

Muitas vezes, o melhor presente é você mesmo provar o seu amor, com uma carta escrita à mão, um porta-retratos com uma dedicatória ou preparar um jantar atento a detalhes. Bom para o bolso e para o coração!

→ 13. CONVIDE SEUS AMIGOS EM VEZ DE SAIR DE CASA

Sair de casa com muita frequência é uma prática que pode fazer você gastar mais do que deve, tanto com alimentação ou com entretenimento. Seja para assistir a um filme, jogo de futebol ou para lanchar, existem várias opções que podem fazer você gastar menos e agradar as pessoas que você gosta na sua própria casa ou visitando amigos.

Hoje em dia ficou mais fácil aprender a cozinhar. Seja pela TV, internet (sites e vídeos) ou por meio de livros, você vai descobrir que preparar refeições em casa pode ser mais prazeroso e divertido do que se imagina!

→ 14. COMPRE USADO QUANDO POSSÍVEL

Você pode encontrar com frequência coisas que precisa em lojas de produtos usados. Faça isso como parte da sua rotina normal e você vai economizar. Além de brechós, em sites como OLX, Mercado Livre e Alibaba você pode encontrar produtos que atendam às suas necessidades gastando muitas vezes menos da metade do preço.

→ 15. REVEJA ASSINATURAS DE PLANOS MENSAIS COM FREQUÊNCIA

Reveja com frequência seus planos de assinatura. Telefonia, internet, revistas, seguros, planos de saúde, jornais e outros. Com frequência, a empresa atual ou a concorrente conseguirá dar a você descontos que eles oferecem a novos clientes, a fim de te manter ou conquistar você.

Por exemplo, se você estiver no final de seu contrato com a sua operadora de celular, estará no ponto perfeito para negociar seu plano. Basta fazer orçamentos com algumas operadoras concorrentes para ver o que elas oferecem, obter os detalhes de ofertas e negociar com sua operadora atual baseado nas ofertas concorrentes.

Você tem pilhas de revistas ou jornais na sua casa? Provavelmente é resultado de uma assinatura desnecessária. Hoje raramente você deixa de encontrar gratuitamente na internet o conteúdo que você encontra pago em revistas e jornais. Na realidade, é mais fácil acontecer o contrário!

Como se não bastasse, esse conteúdo impresso se torna desatualizado e obsoleto rapidamente, ocupando espaço em sua casa. É possível pedir o reembolso de assinaturas, em alguns casos.

Além de tudo isso, dificilmente esse tipo de assinatura na prática é aproveitada pelos assinantes. Os conteúdos normalmente são superficiais, as notícias muitas vezes são enviesados com matérias pagas, cunho político-partidário e pouco profundos.

O melhor é investir em livros que agregam conhecimento do que subutilizar revistas e jornais que são normalmente mais carregados de superficialidade e notícias descartáveis, sensacionalistas e focadas em tragédias. A história de pessoas bem-sucedidas mostra que praticamente todos se afastam de mídias sensacionalistas e da televisão. Investir mais em livros que nesse tipo de conteúdo é uma boa alternativa, já que normalmente notícias se inutilizam já no próximo dia, e o conhecimento de bons livros pode durar para sempre.

De qual fonte você bebe?

→ 16. PARE DE FUMAR

Se você ainda é fumante, saiba que seu hábito não é só caro, mas mortal também. Se quiser viver mais tempo e economizar uma boa quantia de dinheiro, a melhor coisa a fazer é parar de fumar.

Você pode adquirir algum produto que te ajude nesse processo, ou simplesmente diminuir gradativamente a quantidade até parar. Fumar um maço por dia dos cigarros mais baratos do Brasil hoje custa cerca de R$1.200 por ano!

→ 17. TOME CAFÉ DA MANHÃ

Tomar um café da manhã saudável vai enchê-lo de energia que será usada durante todo o dia e, ao mesmo tempo, reduzir a necessidade de um almoço exagerado e caro.

Se for planejado, o café da manhã pode ser muito saudável, rápido e barato. Escolha alimentos integrais e ricos em fibras e proteínas que nutrem e aumentam a saciedade, garantindo disposição e evitando o excesso de peso.

→ 18. ELIMINE TARIFAS BANCÁRIAS

Hoje em dia não faz mais sentido pagar tarifas mensais de manutenção de conta bancária, para saques ou para fazer transferências do tipo TED ou DOC, por exemplo.

As contas de bancos digitais são mais práticas e os serviços são mais rápidos e até melhores que a maioria dos bancos tradicionais.

A situação fica pior quando são mantidas várias contas bancárias abertas com tarifas e que são usadas com pouca frequência. O ideal é você concentrar ao máximo tudo o que precisa em uma única conta digital, fazendo portabilidade de salário e encerrando contas com pouco uso. Assim, além de evitar gastar com tarifas e manutenção, você pode colher os benefícios da fidelização ao banco, melhorando o controle das suas finanças pessoais.

Lembre-se: quanto menos coisas para controlar, mais fácil controlar!

→ 19. CUIDE DO COMBUSTÍVEL DO SEU CARRO

Acelerar desnecessariamente é ineficiente em termos de economia de combustível, aumentando as chances de você ser multado ou de se envolver em algum acidente.

Depois de certa velocidade, acelerar mais vai trazer pouco ganho em velocidade e mais gasto em combustível. Além disso, as chances aumentam de você precisar frear por conta de um carro próximo, de um sinal que fecha ou por causa de uma curva, sendo que você poderia apenas reduzir a aceleração do pedal.

É melhor respeitar os limites de velocidade, economizar freios e combustível e se manter longe da polícia e da oficina.

Observar sempre os postos com combustível mais barato nos trajetos que você tem o costume de fazer durante a semana vai também fazer você economizar mais no longo prazo.

→ 20. SAIBA COMO SE VESTIR DE FORMA OTIMIZADA

Compre roupas que misturam e combinam bem e você não precisará ter um guarda-roupa cheio, caro e nem com pouco uso. Por exemplo, para os homens, se você tem seis calças, algumas camisas e sete camisetas, você já tem um número "infinito" de opções para se vestir!

Além disso, às vezes tudo o que você precisa fazer é dar uma olhada melhor no seu guarda-roupa e perceber que você já tem lá peças na parte do fundo do armário ou da gaveta prontas para o uso, sem a necessidade de comprar!

→ 21. EVITE ANDAR COM MUITO DINHEIRO NA CARTEIRA

Além da possibilidade de perder as notas por aí ou de ser roubado, andar com muito dinheiro na carteira pode estimular o consumo por impulso.

Além disso, é um passo para o descontrole financeiro. Se você usa cartão de crédito e tem muito dinheiro em espécie, gastar esse dinheiro e usar o cartão de crédito ao mesmo tempo é uma mistura explosiva! A tendência natural é que você gaste todo o dinheiro da sua carteira e vá usando o cartão. Quando chegar o fim do mês, faltará dinheiro para pagar a fatura!

Usando o cartão de crédito com inteligência, respeitando o limite e deixando o mínimo de dinheiro na carteira, você controla melhor os gastos em cada semana, evitando imprevistos no pagamento da fatura, além da segurança e praticidade de usá-lo, em vez de ficar carregando notas de dinheiro.

Além de tudo isso, dinheiro em espécie com você traz perdas. Você pode usá-lo para quitar dívidas mais caras e, saindo do endividamento, você pode investir, ganhando bons juros a seu favor no futuro.

→ 22. MORE EM UM LUGAR MENOR

Um dos princípios centrais da geração de riqueza é viver um degrau ou mais abaixo do padrão de vida máximo que você poderia viver. Seja um imóvel próprio ou alugado, escolher um local menor dentro de suas necessidades fará você ter uma grande folga financeira.

Isso vale principalmente para quem está em situação de endividamento. Muitas vezes, nos encontramos cercados por espaços vazios e objetos muitas vezes sem real utilidade, o que pode afetar até mesmo na convivência familiar, pela falta de maior proximidade física.

Você não precisa de um lugar gigante e caro para viver. Às vezes, essa é apenas uma questão de desejo, e não uma real necessidade. Vale a reflexão!

→ 23. USE FILTRO DE LINHA

Conectar seus equipamentos elétricos em um filtro de linha ou estabilizador é uma boa ideia.

Oscilações de energia podem danificar esses dispositivos muito facilmente, especialmente quando itens de informática estão em uso.

Para economizar também no dia a dia, retire-os da tomada quando os equipamentos não estiverem em uso, evitando consumo desnecessário em stand-by.

→ 24. SE FOR COMPRAR UM CARRO, BUSQUE PERDER MENOS

É difícil concordar que comprar um carro seja um bom investimento. Com exceção de alguns casos de profissões como motoristas ou similares onde o carro traz receitas, normalmente ele só trará muitas despesas, comprometendo uma boa parte do seu orçamento.

Não só a desvalorização que acontece quando você retira o carro da concessionária (que gira em torno de 15% em média), mas ele continua diminuindo de valor todo ano, sem parar! Apenas somando os três primeiros anos, essa desvalorização de carros novos pode ir de 20% a 50%! Isso sem falar nos impostos, multas, troca de peças, manutenção, lavagem e possíveis acidentes.

Se você quer perder menos tendo um automóvel, procure por veículos usados em condições boas. Talvez você encontre uma "oportunidade" que às vezes esteja até dentro do prazo de garantia da montadora.

→ 25. USE O CARTÃO DE CRÉDITO COM INTELIGÊNCIA

Se você tem dois ou mais cartões de crédito, reveja a real necessidade disso. Normalmente, cada instituição cobra uma anuidade para oferecer serviços que algumas pessoas nem utilizam, como programa de trocas por produtos, recompensas, concierge e seguros que nesses casos são pagos sem necessidade.

Se você tem vários cartões de crédito só para ter um limite maior para gastos, essa é uma prática ruim que deve ser abandonada. Esse é um passo largo para você cultivar dívidas!

Caso você decida por ter cartão de crédito e está com dívidas, cancele os outros cartões, tenha apenas um e reduza o limite máximo para cerca de 60% da sua renda mensal.

→ 26. TENHA UM JARDIM

Jardinagem pode ser um passatempo com um bom custo-benefício se você tem um quintal. Esse espaço pode ser útil para cultivar alimentos frescos, livres de agrotóxicos e com teor nutricional mais elevado.

Comprar sementes no lugar de plantas já envasadas, aproveitar a água da chuva e fazer você mesmo, além de ser prazeroso, fará você economizar nas compras.

→ 27. USE A REGRA DOS 30 DIAS

Esperar 30 dias para decidir sobre uma compra é uma boa forma de evitar gastos desnecessários.

Evitar a "gratificação instantânea" é uma das mais importantes regras das finanças pessoais.

Muitas vezes, depois que um mês se passou, você pode descobrir que o desejo de comprar não existe mais, significando que você não tinha real necessidade daquilo ou se adaptou para resolver o problema.

→ 28. NEGOCIE A ANUIDADE DO SEU CARTÃO DE CRÉDITO

É geralmente no início do ano que as operadoras de cartão de crédito incluem a anuidade em sua fatura. Pelo fato de o cliente ter algum débito com o banco e/ou por não ter o hábito de conferir a fatura, as operadoras de cartões aproveitam para fazer a cobrança total da anuidade.

Para resolver isso, ligue no telefone no seu cartão e peça a negociação da sua anuidade. Como toda negociação você precisa de bons argumentos para isso. Alguns clientes de nossa consultoria conseguiram sucesso com descontos de 60% e até 100% do que era cobrado anualmente. Caso você não use os benefícios do seu cartão, busque aproveitá-los, principalmente se você viaja de avião ou avalie trocar por um cartão de crédito sem anuidade.

Alguns bons argumentos na hora de negociar são: anuidade cobrada muito fora da média das anuidades pagas nos últimos três anos, fidelização com outro banco (de preferência digital), cartão de crédito em melhores condições oferecido por outro banco, benefícios de milhas usados poucas vezes ou pouco vantajosos etc. Use também esses argumentos se fizer sentido para o seu caso!

PARA SABER MAIS:
Saiba como negociei a anuidade do meu cartão de crédito
No link: https://www.youtube.com/watch?v=6uHeULpt4Ps

Na maioria dos casos de uso e gastos razoáveis com cartão de crédito, o benefício que normalmente mais vale a pena é a troca por passagens aéreas. A Aurora (nome alterado), cliente da consultoria em São Luís-MA, acumulou pontos com compras (anualmente cerca de 20 mil pontos) e nem sabia que estavam acumulados em seu cartão e que poderia utilizar. Orientamos esse resgate na época, que foi transferido para o programa de fidelidade de passagens aéreas. Muitas pessoas acabam perdendo essa oportunidade com milhas expiradas todos os anos.

Nesse e em vários outros casos vale a pena pagar a anuidade. Em alguns casos com negociação, a anuidade fica em cerca de R$100 e pode até ser gratuita dependendo do seu perfil. Com o benefício de 20 mil pontos, dependendo das condições promocionais, é possível trocar por passagens aéreas equivalentes a R$1 mil, como foi o caso de nossa cliente.

→ 29. CALIBRE OS PNEUS

Nem todos os motoristas sabem, mas um dos grandes responsáveis pelo aumento da média de consumo de combustível não está nem no motor nem no tanque do carro. A calibragem certa dos pneus pode fazer muita diferença!

Os pneus dos carros foram feitos para rodarem com uma área específica de contato com o solo, que é definida pela calibragem específica de cada modelo e de acordo com a carga. O pneu sem a calibragem correta pode provocar consumo de até 20% a mais de combustível. O ideal é fazer a calibragem de 15 em 15 dias. Verifique no manual do seu veículo a pressão correta, siga a recomendação do fabricante e economize!

→ 30. CANCELE O CHEQUE ESPECIAL DA SUA CONTA

Nunca use o cheque especial! Ele vai te cobrar um dos juros mais caros que existem!

Hoje em dia, existem opções muito mais baratas para conseguir dinheiro do que usar o cheque especial. Se em todo o caso não seja possível evitar o dinheiro emprestado, você pode adquirir uma dívida menos desvantajosa, como um empréstimo pessoal consignado digital, que pode ser até vinte vezes mais barato!

Errar acontece, mas aprenda a olhar sempre para a frente! Mesmo que você faça dez boas escolhas, é fácil se abater e se sentir fracassado quando uma má escolha é feita. Contrair dívidas no passado foram erros já cometidos. Pense bem qual motivo foi o responsável por isso e aprenda com a situação. Você vai ser capaz de tomar decisões melhores a partir de agora, pavimentando a construção da sua estrada em direção à prosperidade.

Não deixe que os erros do passado levem você a cometer mais erros no presente. O passado ficou para trás e já passou! E o futuro é incerto. Trabalhe no presente para mudar a sua realidade hoje, aplicando essas técnicas de economizar dinheiro na sua vida.

A luta contra as dívidas é muitas vezes desleal, já que elas crescem algumas vezes mais rápido à capacidade de recebimento. Fazer mais com menos estabelecendo metas te ajudará a superar seus erros e focar em sair dessa situação.

> "Você só tem que fazer algumas coisas certas em sua vida, contanto que você não faça muitas coisas erradas."
> (Warren Buffett)

VAMOS PRATICAR!

7: Assinale (V) Verdadeiro ou (F) Falso.

A. ( ) Beber água faz bem para o corpo e para o bolso.

B. ( ) Consertar coisas simples pode me fazer economizar tempo e dinheiro.

C. ( ) Fica mais barato comprar no supermercado planejando compras com aquilo que está em promoção.

D. ( ) Ver menos televisão pode me fazer comprar e gastar menos.

E. ( ) Meus sentimentos no momento não afetam o quanto gasto de dinheiro em compras.

F. ( ) Saber a diferença entre necessidade e desejo pode me fazer economizar em compras.

G. ( ) Lavar as mãos não tem nada a ver com economizar dinheiro.

H. ( ) Lâmpadas de LED duram mais e gastam menos.

I. ( ) Fast-foods são baratos e são mais saudáveis.

J. ( ) A melhor época para comprar presentes é quando todo mundo quer comprar.

K. ( ) Comprar coisas usadas pode ser uma boa opção.

L. ( ) Todo ano é importante rever meus planos de assinaturas para pagar menos.

M. ( ) Fumar é ruim para a saúde e para o bolso.

N. ( ) Eu consigo eliminar todas as tarifas bancárias se eu quiser.

O. ( ) É possível ter um carro e dirigir gastando menos.

P. ( ) Morar em um lugar menor e mais simples pode resolver minha situação de endividamento.

Q. ( ) É possível usar o cartão de crédito de forma que ele me traga mais benefícios do que prejuízos.

R. ( ) Usar o cheque especial da minha conta é prático e uma boa ideia.

7 COMO RECEBER MAIS DINHEIRO

OBJETIVO DO CAPÍTULO

Sugerir dicas práticas que auxiliam na luta contra uma vida pressionada por dívidas, acessíveis e aplicáveis à maioria das pessoas.

O foco com este livro é fazer com que pessoas com problemas de dívidas saiam dessa situação. A experiência que adquiri atendendo dezenas de endividados em todo o Brasil me fez perceber que o maior problema de quem me procurou não era ter mais dinheiro ou receber um salário melhor.

O real problema dessas pessoas estava em gastar. Elas precisavam gastar menos e melhor. Apesar disso, essa conclusão não deixa este capítulo sem importância. Aprender a receber mais dinheiro também te ajudará a ter mais liberdade financeira, se você souber aumentar a sua abastança, como mostramos no gráfico no início do capítulo anterior.

O objetivo principal aqui é fazer com que você consiga buscar uma renda adicional, recebendo mais dinheiro para acelerar o pagamento de dívidas e, futuramente, investir para multiplicar seu patrimônio. Portanto, aumentar a receita aqui deve ser entendido não como um aval para comprar mais, mas sim tudo o que entrar a mais será direcionado para o objetivo principal, que é ficar livre das dívidas.

Claro que se você se enquadra nos poucos casos que a renda mensal é muito baixa, dificultando o custeio de contas básicas como energia, água e alimentação, transporte e moradia, precisa dar um maior foco neste capítulo. E saiba sempre que, se você acha que sua renda mensal hoje é pequena e insuficiente, existem pessoas que vivem com muito menos!

Então, aqui estão algumas técnicas para você ter mais dinheiro, que funcionaram com clientes da consultoria e que uso pessoalmente na minha vida. Reflita a respeito do seu caso e aplique o máximo possível delas no seu dia a dia. Precisa aumentar seus recebimentos e atrair de verdade dinheiro para sua vida? Então vamos lá!

Atrair dinheiro - https://pixabay.com/pt/illustrations/ganhe-dinheiro-trabalho-on-line-3172501/

→ 1. MUDE O SEU MINDSET

Para chegar a um lugar onde você nunca foi, é preciso mudar sua rota atual e andar por um caminho que você ainda não andou. Para alcançar novos sonhos e realizações, é preciso mudar o seu *mindset*, que é a forma de pensar sobre o mundo, seguindo um caminho mental diferente.

Para sair de uma situação complicada como estar atolado em dívidas, é preciso pensar de outra forma, diferente daquilo que você tem feito hoje. Há crenças que podem ter sido úteis tempos atrás, mas que não servem mais para o momento que você vive hoje.

Somos como um computador: mesmo se o equipamento for de última geração e tiver as peças (hardware) mais atualizadas, ele terá um desempenho ruim se tiver um programa (software) antigo, com falhas ou malfeito.

O mesmo acontece com a gente: temos um cérebro extremamente poderoso. Mas se tivermos um software negativo cheio de hábitos ruins, não adianta nada! O desempenho será pequeno!

As crenças e valores de cada um são como um GPS: formam um mapa que pode levar a um lugar perigoso ou a um lugar prazeroso. Trocando o seu mapa mental por um mapa adequado, o caminho para o sucesso se torna mais fácil, claro e mais rápido, fazendo você chegar onde gostaria de estar.

→ 2. TENHA UMA SEGUNDA FONTE DE RENDA

Todos nós sabemos e é bastante óbvio que é necessário diminuir despesas e aumentar as receitas para ter uma vida financeira mais tranquila. Quanto mais você aumenta a receita e diminui a despesa, mais dinheiro você vai ter como seu (abastança), trazendo mais liberdade para decisões futuras e te imunizando de surpresas.

Mesmo que você tenha um emprego, trabalhe para o governo ou já tenha alguma atividade remunerada, nada o impede de ter um negócio próprio que você goste e consiga renda por meio dele.

Ter uma segunda fonte de renda permite, não só ter um plano B caso a principal fonte de renda acabe, mas também ajuda a começar a quitar as dívidas mais caras, formar a reserva de emergência e aumentar suas possibilidades financeiras com o tempo.

No caso de um negócio digital com vendas pela internet de produtos ou serviços, você ainda tem a possibilidade de começar investindo pouco dinheiro, usando as redes sociais e sites. Esse tipo de negócio permite, por meio do ganho de escala, evitar trocar tanto tempo por dinheiro, podendo trazer mais satisfação pessoal, liberdade financeira e até liberdade geográfica, fazendo o dinheiro trabalhar para você, e não o contrário.

Trabalhar com um negócio digital - https://pixabay.com/pt/illustrations/trabalho-freelance-trabalho-em-casa-3262150/

Na verdade, isso aconteceu comigo. Em 2015, com um notebook emprestado, com um emprego paralelo e praticamente com zero investimento inicial de dinheiro, fiz nas horas vagas um sistema que gerenciava a academia de uma amiga. Com o software pronto, fiz um site e comecei a divulgar esse trabalho na internet e nas redes sociais, com custo zero, para outras academias.

Hoje a empresa atende clientes em todo o país, nos mais variados ramos de fitness, escolas e órgãos públicos, diversificando os produtos e o público. Desde o primeiro mês, a empresa só traz lucros!

Então, você é capaz de fazer o mesmo e muito mais! Coloque a ideia do seu novo negócio em prática, comece e não desista! São muitas as oportunidades no mundo digital, na venda de produtos físicos e no oferecimento de serviços úteis para a sociedade.

> "Nunca dependa de uma única fonte de renda. Faça investimentos para criar uma segunda fonte." (Warren Buffett)

→ 3. TENHA UM SONHO GRANDE

Esse é um dos primeiros passos. Sem um sonho, vivemos no piloto automático e a vida fica sem sabor.

Um grande sonho cria motivação e dá significado na nossa vida. Um sonho pequeno pode não motivar o suficiente e sonhar grande dá praticamente o mesmo trabalho de sonhar pequeno.

Só sonhar não é o bastante. É necessário, mas não suficiente. Ele é o fundamento para que todo o caminho seja percorrido. Vamos a um exemplo:

Suponha que hoje o seu sonho seja casar. Para realizá-lo é preciso ter uma data e uma quantia que irá ser desembolsada. Se o casamento for daqui a quatro anos e cada um economizar R$700 por mês, vocês terão R$67.200 para isso. Essa quantia pode chegar a quase R$80 mil caso seja investido (taxa de juros: 0,7% ao mês), fazendo você realizar o seu sonho com mais tranquilidade. Do contrário, um empréstimo de última hora ou assumir várias dívidas quando chegar a tão sonhada data vai custar mais caro e pode impactar a vida conjugal do casal com problemas financeiros.

→ 4. VENDA

Médicos, padeiros, analista de sistemas, professores, consultores e garis têm uma característica em comum: todos são vendedores. Vendem produtos, serviços para clientes ou vendem sua força de trabalho para outros.

Sabemos que o bom vendedor normalmente consegue se dar muito bem. A boa notícia é que, mesmo as pessoas tímidas, introvertidas e que nunca trabalharam com vendas podem se tornar vendedores: basta se capacitar para isso.

É possível ter mais renda na sua profissão ou mesmo ter uma segunda fonte de renda aprendendo e praticando as técnicas de vendas ou até revendendo um bom produto. Você pode buscar por livros ou cursos especializados no assunto e melhorar ainda mais sua renda com mais clientes!

Aprender a gostar de vender mais do que de comprar vai fazer sua vida dar uma guinada rumo à prosperidade!

→ 5. REVEJA SEU MOMENTO E CONCEITO SOBRE INVESTIR

Se você tem dívidas, o mais importante é quitá-las antes de fazer qualquer investimento financeiro. Os juros das dívidas em geral são bem maiores do que aquilo que você pode ganhar investindo!

Aquilo que as pessoas, e algumas vezes o seu gerente do banco, chamam de investimento deve ser analisado com bastante sabedoria. Algumas das opções nem são investimentos, como os títulos de capitalização e se parecem com jogos de azar, como a loteria.

Os títulos públicos, debêntures incentivadas e ações de boas empresas em bolsa de valores são boas opções para multiplicar o seu capital quando você ficar livre das dívidas.

Investir os recursos financeiros na viabilização de um novo negócio, adquirir terrenos e imóveis com bom potencial para valorização e comprar ações de boas empresas são algumas opções de atitudes saudáveis com o seu dinheiro. Pelo contrário, bens de consumo como automóveis, eletroeletrônicos, móveis e itens de vestuário e o consumo em excesso, apesar de algumas vezes serem necessários, normalmente tiram dinheiro do seu bolso com o tempo, dificultando a acumulação da sua riqueza.

→ 6. BUSQUE A SATISFAÇÃO NO LONGO PRAZO

Um dos maiores erros de quem está endividado é continuar buscando a satisfação instantânea. Pensando assim, financiamentos se justificam e um estilo de vida de consumo imediato com compras muitas vezes sem necessidade é entendido facilmente.

Para ter mais dinheiro, pensar e planejar a realização dos sonhos no longo prazo fará você comprar com muito mais inteligência e gastando muito menos. Buscar esse prazer da realização no longo prazo faz você receber muito mais dinheiro, especialmente de investimentos futuros!

→ 7. PAGUE O SEU DÍZIMO PESSOAL

Independentemente da sua religião, pagar a você mesmo o dízimo dos seus ganhos mensais é uma prática muito saudável para o seu bolso. Esse dízimo, a décima parte dos seus rendimentos, é pegar no mínimo 10% daquilo que você recebe e separar para você, sem gastar com nada perecível ou que você possa perder ou ser roubado.

Se você está em situação de endividamento, o dízimo pode servir para somar ao seu plano, ajudando a saldar suas dívidas e criando um novo hábito próspero. Quando você superar essa fase e já tiver passado da fase de endividamento, o dízimo pode ser usado para seus investimentos, que vão multiplicar seu dinheiro no futuro!

A ideia é você superar esses 10% com o passar do tempo, principalmente se a sua situação é mais complicada ou se você quer ser independente financeiramente mais rápido!

Ao fazer o dízimo pessoal, você manda uma mensagem ao seu subconsciente que você vive em um mundo abundante e que você tem mais do que o suficiente para viver, e que sobrou, criando um ciclo positivo para sua vida. Já que você paga todo mundo todo mês, por que você não se paga todo mês?

→ 8. NÃO LIMITE OS SEUS GANHOS

Você até pode criar um limite para as suas despesas (e até deve!). Mas você nunca deve ter um limite para suas receitas. Esse é um assunto delicado, mas se ao final de um mês trabalhado você tem um ganho fixo ou que praticamente não se altera, você deve repensar o que está fazendo!

Mesmo trabalhando para alguém (empresa ou governo), você pode tirar a limitação do seu salário, começando a construir um patrimônio sem limites para crescer, tendo outras fontes de renda.

Grande parte dos milionários ficaram ricos por meio do empreendedorismo e de negócios que eles criaram. Então, crie o seu negócio e tenha também ganhos ilimitados!

→ 9. TENHA OBJETIVOS BEM DEFINIDOS

Se você quer ter mais dinheiro, é preciso que você tenha primeiro um objetivo melhor definido e claro para depois poder criar um plano para alcançar esse propósito.

Por exemplo, seu objetivo é: acabar com todas as dívidas.

Todo objetivo vai exigir determinação e persistência para ser alcançado. Ao longo do tempo, vai ser preciso muito foco, coragem, conhecimento e muito esforço. É preciso ter uma visão clara de onde quer chegar, e essas habilidades vão transformar o seu sonho em realidade!

Se o seu objetivo é ficar livre das dívidas, você deve dividi-lo em metas para conquistá-lo!

→ 10. ESTABELEÇA METAS E VISUALIZE-AS SENDO ALCANÇADAS

Meta é quantia numérica, vinculada a uma data e que é possível de ser executada. Saiba quando, como e quanto você quer chegar e as chances de você conseguir alcançá-la vão aumentar muito! Se você está perdido no deserto, não sabe onde está e busca por ajuda para sair de lá, não há muito que fazer. O mesmo acontece se você está endividado e não tem metas claras! Agora, se você tem um GPS ou um mapa e sabe onde está, o caminho para sair dessa está definido!

Suas metas precisam ter como base o saldo devedor total atualizado das suas dívidas, em quanto tempo você precisa quitá-las e qual é a quantia mensal que você vai poupar para isso. Do contrário, tudo fica apenas na vontade.

Por exemplo, a meta para quitar uma dívida pode ser: acumular R$15 mil em um ano.

As metas podem e devem ser divididas em submetas. No exemplo, acumular R$15 mil em um ano (meta) pode ser dividida em poupar R$1.250 em cada um dos 12 meses (submetas). Quanto mais você conseguir criar submetas, mais fácil um problema se torna de ser solucionado e tudo fica mais claro!

Segundo uma pesquisa de Thomas Corley:

- 67% dos ricos escrevem suas principais metas.

- Apenas 17% dos pobres escrevem suas principais metas.

De qual desses grupos você quer fazer parte?

> "Um sonho é apenas um desejo, até o momento em que você começa a atuar sobre ele, e propõe-se a transformá-lo em uma meta." (Mary Kay Ash)

→ 11. COLOQUE SEU SONHO EM PRÁTICA

A maioria das pessoas tem um sonho relacionado à sua carreira. Poucas pessoas conseguem transformar esse sonho em realidade.

Poucos chegam lá porque falta a visão do que é necessário para conquistá-lo. Existe um preço que é preciso ser pago, mas poucos estão dispostos a pagar.

É preciso colocar tijolo sobre tijolo, dia após dia, aos poucos, até que você construa um muro, com certa resistência. A partir daí, o seu castelo fica cada dia mais próximo de existir. Depois de pronto, os admiradores, os críticos, os seus amigos e todas as pessoas reconhecerão o seu trabalho (muitas vezes de anos), e o mundo te retribuirá com prosperidade e sucesso financeiro.

Aquele que chega lá não vê o tempo passar quando está trabalhando, não tem espaço para reclamações e alguns até mesmo fariam todo esse esforço de graça pelo prazer que sentem em construir seu sonho na prática. O trabalho com a paixão de um sonho tem frutos muito maiores e melhores que um trabalho estressante, sem identificação pessoal e pouco relacionado à construção dos seus objetivos de vida.

De tijolo em tijolo se constrói um castelo com o tempo

→ **12. NUNCA DESISTA**

Jamais desista. Pode parecer clichê, mas quando as coisas no início parecerem não acontecer, as pessoas não te apoiam e a vontade de desistir aparecer algumas vezes, é aí que isso realmente precisa ser colocado em prática.

No início, o caminho é cheio de curvas, com muitas pedras e às vezes você atravessa alguns rios e obstáculos. Com o passar do tempo e com a experiência, o clima fica mais fresco, as árvores começam a aparecer e o trajeto fica mais plano!

O sucesso não é linear

→ 13. FAÇA AQUILO QUE VOCÊ REALMENTE GOSTA

Uma das estratégias mais inteligentes é fazer aquilo que gosta e encontrar alguma forma de receber dinheiro com isso.

Em vez de procurar um emprego com grande potencial de lucro, foque um trabalho que forneça maior potencial de realização. Quando encontrar, invista o máximo de paixão e força de vontade nesse trabalho. Você vai se tornar uma das pessoas mais competentes nessa área e será muito mais recompensado financeiramente por isso com o tempo!

→ 14. ALUGUE UM ESPAÇO SEM USO NA SUA CASA

Você tem um quarto extra ou um cômodo que não está sendo usado? Alugue-o em um site como o Airbnb. Se você vive em uma região movimentada ou em uma cidade turística, pode render um bom dinheiro extra. Caso for viajar, procure uma acomodação nesse tipo de site.

Certifique-se apenas de conhecer as regras de acomodação e de manter as condições necessárias para proteger seus bens e sua família.

→ 15. NÃO SE FAÇA DE VÍTIMA

Não se coloque em uma posição passiva diante do quanto você recebe, como se o que você recebe não dependesse de você. Se você tem o tempo praticamente todo ocupado no seu trabalho, você até pode achar que não consegue ter uma segunda fonte de renda.

A boa notícia é que você pode receber mais dinheiro produzindo mais e melhor, indo além de ganhar um aumento: você pode buscar ser promovido! E isso vai além de ir ao chefe e simplesmente pedir mais dinheiro.

Você pode receber muito mais fazendo mais do que é pedido hoje para ser feito. Por exemplo: se você trabalha com vendas, pode continuar fazendo o seu trabalho e ajudando os outros vendedores da equipe a ter melhores resultados, auxiliando o seu coordenador nas atividades acima do seu cargo. O mais natural é que, com o tempo, a empresa reconheça o seu esforço e caso algum dia o coordenador saia da empresa, o seu nome será bem cotado para assumir o cargo!

As pessoas normalmente pensam em ter um aumento ou receber mais na mesma atividade e fazendo a mesma coisa, sem mostrar melhoras em resultados. O que realmente pode mudar a sua realidade é mudar para um cargo superior. Mas lembre-se: além de fazer o seu trabalho muito bem-feito, é preciso pensar com a cabeça do dono da empresa, como se o negócio fosse seu! Só assim você vai fazer mais, sem te pedirem para fazer, pelo bem da empresa e pelo seu bem futuro, com um cargo melhor!

Não há nada de mal em perguntar para seu chefe o que é preciso para você chegar lá! Buscar estudar e crescer no cargo, trabalhando melhor, deixando os tomadores de decisão perceberem que você está querendo crescer e trazendo resultados reais para a empresa. Pode ter certeza: eles acham bacana alguém dentro da sua empresa querendo mais! Caso o empregador não reconheça isso, você aprendeu e se capacitou melhor para um cargo superior, podendo procurar outra empresa que valorize mais sua nova capacidade.

É preciso pensar com a cabeça de quem é empresário! Até mesmo porque um dia você pode ter o seu próprio negócio e se tornar um formalmente. Tente responder às seguintes perguntas: Se você fosse o seu chefe, você se contrataria? Daria a você um aumento? Uma promoção? Caso todas essas respostas forem positivas, você está no caminho certo. Do contrário, busque fazer mais no cargo que você está!

Saia da posição de expectador, como se assistisse a um filme da sua vida esperando que um herói apareça e te salve. Seja protagonista, o ator principal e mude a história!

> "Faça o teu melhor, na condição que você tem, enquanto você não tem condições melhores, para fazer melhor ainda!" (Mario Sergio Cortella)

→ 16. SEJA, NO MÍNIMO, UM POUCO MELHOR DO QUE AS PESSOAS AO SEU REDOR

Uma pequena diferença em desempenho pode gerar uma grande diferença em resultado. Veja na corrida de carros. Ou em uma competição de natação, que muitas vezes é vencida na batida de mão.

No caso do ambiente profissional, pense bem: quem toma decisões vai escolher quem para ser promovido dentro da empresa? Aquele que é um pouco melhor do que os outros, que se destaca!

Esse "um pouco melhor" pode ser falar inglês, ser mais comunicativo ou entregar um pouco mais de resultado do que é pedido. Descubra o que a sua empresa e os tomadores de decisão mais valorizam e busque ser melhor nisso!

→ 17. PERCA O MEDO DE VENDER

É normal sentir medo. O que não é normal é deixar o medo paralisar as atitudes.

É comum ver pessoas precisando trabalhar ou que gostariam de ter uma renda extra, mas que sentem vergonha de vender por medo do julgamento de outras pessoas, receio de rejeição e de ouvir um "não" ou por falta de coragem.

Caso você trabalhe ou queira trabalhar com vendas de produtos, isso não pode impedir você de progredir.

Lembre-se: as pessoas têm dificuldade em aceitar o sucesso das outras pessoas porque muitas vezes não conseguem alcançar aquilo que gostariam na vida, sendo que algumas até sentem inveja. Então siga em frente e coloque em prática os seus projetos!

→ 18. EVITE TROCAR TEMPO POR DINHEIRO

Por mais que você trabalhe mais do que hoje e com isso você tenha um acréscimo no seu salário, sempre vai ter um limite no quanto você pode ganhar por mês. Se você tem 24 horas por dia (e todos nós temos, nem mais nem menos) e você vende sua força de trabalho trabalhando oito horas por dia, mesmo que você faça horas extras, sua renda será limitada a essas 24 horas.

De outra forma, se você gasta algumas horas e desenvolve um sistema que pode vender para centenas de clientes, escreve um bom e-book e começa a vender na internet ou começa a vender produtos físicos em lojas físicas e/ou virtuais para as pessoas, você vai começar a poupar tempo e sua renda começará a se tornar ilimitada por causa do ganho de escala!

Então, busque ter uma fonte de renda que não dependa tanto do seu tempo, para que você possa ter resultados muito maiores!

Trocar tempo por dinheiro - https://pixabay.com/pt/illustrations/tempo-de-dinheiro-rel%C3%B3gio-moeda-4559218/

→ 19. DESFAÇA-SE DE ALGUNS BENS, PARANDO DE ACUMULÁ-LOS

Abandonar hábitos antigos, simplificar o dia a dia. Limpar o guarda--roupa. Vá até ele e encontre todas as coisas sem uso. Você pode, em vez de simplesmente descartar, usar isso em seu benefício. Desfazer-se de coisas em sites de venda de itens usados, como a OLX ou em brechós podem ser boas opções, podendo trazer dinheiro para você. É um exercício psicológico interessante se desfazer de roupas e objetos sem uso de sua casa. Se preferir, doe para alguém que precisa. Você terá muitas recompensas com esse ato!

No caso de endividamento, vender itens de mais alto preço pode ajudar a resolver os seus problemas, além de ser uma prática que vai organizar mais sua vida, diminuindo suas preocupações, responsabilidades, ganhando espaço ao transformar objetos em dinheiro. Veja essa história:

Uma cliente da consultoria de João Pessoa-PB estava com problemas financeiros. Vamos chamá-la de Matilde. Era funcionária pública, tinha um cargo na Polícia Civil, um salário razoável e tinha tudo para ter uma vida tranquila e sem muitas preocupações. Mesmo assim, me encontrou aflita, porque havia separado do marido, tinha financiamentos e empréstimos consignados que descontavam em sua folha de pagamento e estava no cheque especial.

Depois de três meses de análise dos dados, corte de gastos, levantamento e negociação de dívidas, começamos o processo de mudança de comportamento e foco em eliminar as dívidas que aumentavam cada vez mais com os juros altos cobrados.

Tudo isso não foi suficiente. A única solução naquele momento e naquele caso era que a Matilde vendesse o carro. E foi o que ela fez. Foi uma decisão delicada, apesar da profissão e da distância pequena entre a residência e seu trabalho. Uma escolha importante, que envolveu status, renúncia e envolvimento social. Foi um passo para trás, para depois dar mais passos à frente.

Com o dinheiro do carro vendido, foi possível quitar as dívidas e começar a formar a reserva de emergência, que fez com que ela respirasse e começasse a reconstruir a sua vida. A reserva de emergência é o dinheiro que poupamos que corresponde de 6 a 12 meses do seu custo de vida mensal. Ela só é usada em uma situação extrema, como a perda de emprego ou um acidente grave.

Ficou muito claro que a Matilde perdeu um carro para o banco. Perdeu seu meio de transporte confortável para pagar juros de um dinheiro que não era dela e que ela não precisava, já que tinha um salário razoável e poderia se planejar para adquirir seus bens com mais inteligência financeira.

VAMOS PRATICAR!

8: Assinale (V) Verdadeiro ou (F) Falso.

A. ( ) Reconhecer que preciso mudar a configuração da minha mente é o primeiro passo para a minha mudança financeira.

B. ( ) Ter uma segunda fonte de renda vai exigir que eu invista muito dinheiro.

C. ( ) Depender de uma única fonte de renda é perigoso e pode ser um empecilho para o meu enriquecimento.

D. ( ) Ter um sonho grande vai abrir novos horizontes e dar mais sentido a minha vida.

E. ( ) Saber mais sobre vendas não faz diferença nenhuma na minha carreira.

F. ( ) Investir sempre é uma boa opção, mesmo tendo dívidas.

G. ( ) A satisfação instantânea pode me atrapalhar na luta contra o endividamento.

H. ( ) Devo poupar no mínimo 10% daquilo que eu recebo por mês.

I. ( ) Devo ter um salário fixo e os gastos mínimos por mês variáveis.

J. ( ) Ter objetivos bem definidos não me ajuda em nada.

K. ( ) Meta é a tradução de um objetivo, com data e quantia a ser alcançada.

L. ( ) Pagar o preço diariamente para realizar meu sonho vai me fazer chegar lá.

M. ( ) Desistir é normal caso eu não consiga resultados em pouco tempo.

N. ( ) Fazer o que eu gosto e descobrir uma forma de ganhar dinheiro com isso é o ideal.

O. ( ) Devo ter uma renda mensal ilimitada e os gastos mínimos por mês limitados.

P. ( ) Eu não sou vítima do governo, da minha família nem do meu chefe.

Q. ( ) Uma pequena diferença em desempenho pode gerar uma grande diferença em resultado.

R. ( ) Trocar tempo por dinheiro vai me fazer ficar muito rico.

S. ( ) Desfazer-me de bens que não uso é uma boa prática.

8 CONSTRUINDO UM *MINDSET* PRÓSPERO

OBJETIVO DO CAPÍTULO

Descobrir de onde vem a forma como pensamos hoje, entendendo melhor como funciona o nosso cérebro.

Na infância ouvimos mais a palavra "não" do que a palavra "sim". Antes de completar dez anos de idade, recebemos aproximadamente 100 mil "nãos". Além disso, em média, nessa idade recebemos nove represensões para cada elogio. Mesmo com a melhor das intenções, acabamos sendo treinados desde pequenos a conviver com limitações, restringindo nossa criatividade de criança e que estimula o desenvolvimento de medos e inseguranças em grande parte das pessoas.

Com o passar do tempo, entrando na vida adulta, toda essa bagagem é sedimentada em crenças e manifestada em hábitos, que praticamos muitas vezes por imitação e sem perceber. Da mesma forma, fomos treinados a entender também o tema dinheiro de forma muitas vezes ruim, limitante e escassa. Por conta disso, muitas crianças se tornaram adultas com algumas crenças equivocadas, bloqueios mentais e às vezes até mágoas e traumas com relação ao assunto, desenvolvendo inimizade com o dinheiro.

Talvez você tenha sido criado em um lar em que seus pais foram muito rígidos e dinheiro sempre foi um tabu, privando sua vida e moldando alguns hábitos. O exemplo familiar pode ter estimulado em você um sentimento na vida adulta de viver gastando tudo aquilo que recebia, sem controlar suas finanças, ao estilo "deixa a vida me levar"... Percebi, conversando com algumas pessoas que atendi, que a culpa, raiva e a falta de perdão dentro da família tiveram grande influência na vida adulta financeira de alguns endividados!

Funciona como um elefante domado: desde pequeno ele é amarrado pelo pescoço em uma árvore, tenta se libertar, não consegue e desiste. A partir daí até o resto de sua vida, qualquer corda presa em seu pescoço, o elefante acha que está preso à mesma árvore. Nos circos, ele é amarrado a um pequeno banco e nunca mais tenta sair. Uma cadeira cumpre o papel da árvore e ele mesmo cria essa limitação. Algumas limitações como essa são presentes na mente de muitas pessoas, afetando também as finanças. Por exemplo, existem pessoas que são viciadas em assumir dívidas por conta de influências familiares, e cultivam dívidas como estilo de vida.

O nosso cérebro tem um papel importante nesse processo. Nós achamos que estamos sempre no comando, que somos racionais na maior parte do tempo e que comandamos o nosso cérebro em nossas decisões. O que acontece muitas vezes é o contrário. Somos guiados por circuitos internos do cérebro que nos fazem agir por hábito, estereótipos e decisões, muitas vezes inconscientes. Ou seja, ele tem a capacidade de nos "sabotar".

Além disso, o cérebro tem a característica de ser "preguiçoso". Quando temos uma nova ideia ou comportamento, ele acessa uma espécie de "memória de trabalho", que é um recurso limitado. Falando de outra forma: o cérebro cria circuitos neurais para comportamentos, pensamentos e atividades que se repetem, e ele tenta encaixar tudo que recebe dentro desses circuitos que já existem e, assim, não precisa gastar mais tanta energia em algumas atividades. É por conta disso que o cérebro cria hábitos e nos coloca em "piloto automático" em grande parte dos nossos momentos do dia. Atividades que envolvem sair do piloto automático para o pensamento consciente exigem muito mais esforço dele. O fato é que quase sempre estamos em "piloto automático" sem sentir, isso tudo porque o cérebro está sempre tentando economizar energia.

A boa notícia é que somos humanos e podemos alterar a programação da nossa mente. Precisamos aprender a dominar nosso cérebro para atingir os resultados que queremos, saindo do "piloto automático" e forçando o cérebro a gastar mais energia. O que já aconteceu na nossa vida, sejam coisas boas ou ruins, só terão influência se permitirmos! Será que as crenças e hábitos cultivados desde o passado são úteis para você hoje?

O nosso cérebro é talvez a máquina mais complexa que existe. Ganhamos esse equipamento quando nascemos e ele não vem com um manual de instruções, como uma máquina de lavar ou uma câmera profissional. Não sabemos muito bem como usar, como controlar alguns impulsos, aumentar a velocidade de raciocínio ou fazer acontecer algo que queremos com plena eficiência. O cérebro possui mais conexões do que o número de estrelas em nossa galáxia.

PARA SABER MAIS:
Amplie seus conhecimentos sobre o cérebro, consulte

No link: https://revistagalileu.globo.com/Caminhos-para-o-futuro/Saude/noticia/2016/09/45-fatos-curiosos-sobre-o-cerebro-humano.html

Nosso cérebro é como um computador. Se o software está atualizado com dados úteis, livre de vírus do consumismo, com espaço sobrando para armazenamento de novas ideias, hábitos prósperos hospedados e com a memória limpa de hábitos ruins e crenças limitantes do passado, ele vai rodar com eficiência, obedecendo aos comandos passados a ele.

Precisamos atualizar o "software" do nosso cérebro, excluindo hábitos inúteis da vida que só servem para ocupar espaço, para incluir hábitos bons e novos. A única forma de colocar roupas novas no guarda-roupa é tirando as roupas velhas.

Depois de ter arrumado a casa, você será capaz de enfrentar os desafios financeiros com sucesso, estudando e lendo livros que vão construir essa nova mentalidade e fazendo o dinheiro trabalhar a seu favor. Mas antes disso, o primeiro passo é enfrentar a si mesmo!

É preciso combater a filosofia de vida do "deixa a vida me levar" e da satisfação imediata. É preciso entender as regras de como o jogo funciona. Se você entra na quadra de tênis com as regras de pingue-pongue, você já perdeu. E as regras do jogo você encontra em livros como este. O ato de planejar as finanças de forma prática, que reduz o medo e a incerteza sobre o futuro, é deixado de lado por muitos brasileiros, levando muita gente ao endividamento.

Lendo livros de especialistas nesse assunto com frequência, você consegue acessar a mente de quem já chegou lá, evitando erros e ganhando tempo. E quando você começa a adotar os hábitos e as práticas que essas pessoas usam, imitando-as, você começa a se parecer e SER igual a elas, alcançando também o sucesso e a prosperidade que elas conquistaram.

É necessário primeiro SER para depois FAZER e TER. Começando por SER, você se declara ser próspero, começa a FAZER o que gente próspera faz e naturalmente começa a TER as riquezas que estão disponíveis a todo mundo. É por isso que o SER vem primeiro que o TER, porque se fosse ao contrário não pertenceria a você.

Querer é poder. E só querer não basta.

Se você quer uma fogueira, um monte de madeira no sol não vai te dar o fogo. O sol pode ficar durante anos sobre a madeira que por si só o fogo não acontece. Mas se você agir e pegar um pedaço de vidro e focalizar em um pedaço de madeira, você terá o fogo em alguns minutos! Então, o que você precisa agora é de foco!

Por isso é preciso ter um grande sonho. Ele é fundamental e serve como o seu foco. É o que dá graça na vida, motiva e nos faz seguir em frente. Mas apenas sonhar não resolve nada. Basta ver o hippie na rua. É preciso agir e trabalhar. Mas também apenas trabalhar não vai trazer prosperidade. Basta ver o operário na fábrica, que muitas vezes vive em dificuldades financeiras e não conquista o estágio de liberdade ou independência financeira.

Não importa qual é o seu sonho. O primeiro passo para realizá-lo é transformá-lo em objetivos claros e depois em metas, colocando uma data e uma quantia a ser alcançada. E depois disso é fundamental agir, trabalhando com inteligência e persistência.

Querer é apenas o primeiro passo. Para conseguir, é preciso disciplina e de um plano de ação. Além de querer, é preciso saber exatamente qual é o problema, definindo uma estratégia oportuna. Responda para si mesmo: quais foram as reais causas desse problema? Quais são as possíveis soluções? Tendo em mãos a melhor solução, depois de praticar isso durante algumas semanas, essa forma de resolver os mais diversos problemas vai entrar no seu piloto automático, tornando-se um hábito e fazendo você vencer todos os desafios que tiver.

Qual é o problema? Já sabemos qual é: dívidas. Existe um ditado que diz: problema definido, 50% resolvido. Se o problema é ter dívidas, saber que elas existem não é suficiente. Não tem como ter o controle de algo que não se mede. É necessário saber exatamente quais são, o saldo devedor atualizado e a forma como ela cresce com os juros.

Se a sua meta é ficar livre das dívidas o mais rápido possível ou em algum dia... você está fazendo errado! Tudo o que está na categoria de "algum dia" não vai acontecer. Isso porque o seu cérebro entende que quando "algum dia" chegar ele vai fazer. Ou seja, esse dia nunca vai chegar! É necessário colocar uma data e uma quantia a ser acumulada!

A sua meta não pode ser não ter dívidas. Ela tem que ser, por exemplo: ter R$20 mil na conta até o final do ano. A meta tem que ser sua, dividida em pequenas partes, nascida da sua vontade, você precisa estar comprometido nela (e não apenas envolvido nela), ela deve ser grande e positiva!

Falta de dinheiro pode ser um estado temporário. Pobreza é um estado de espírito!

VAMOS PRATICAR!

9: Assinale (V) Verdadeiro ou (F) Falso.

A. ( ) O primeiro passo para realizar um sonho é transformá-lo em objetivos claros e depois em metas, colocando uma data e uma quantia a ser alcançada.

B. ( ) Ler livros faz você acessar a mente de quem já chegou lá, evitando erros e ganhando tempo.

C. ( ) Hábitos aprendidos, culpa, raiva e a falta de perdão dentro da família podem ter influência na vida adulta financeira de alguns endividados.

D. ( ) Não é possível alterar a programação da nossa mente.

E. ( ) Nossa mente é capaz de nos sabotar.

9 PASSO A PASSO PARA ACABAR COM AS DÍVIDAS

OBJETIVO DO CAPÍTULO

Entender o que fazer para eliminar todas as dívidas, mostrando o processo com exemplos reais e abrindo espaço para aplicar a solução na prática do seu caso.

hegamos ao passo a passo para eliminar as suas dívidas, o método PAGAR, testado e aprovado com resultados reais para mim e na vida de dezenas de brasileiros. Antes de mostrar o que fazer para resolver a sua situação, quero dizer que esse método não vai funcionar se você não colocar em prática todo o conteúdo do livro.

Antes de falar na prática em como eliminar as dívidas da sua vida, é preciso deixar claro algumas coisas. Pode parecer aquele velho papo de autoajuda barata e de frases motivacionais... mas vai muito além disso! E falo exatamente isso para os clientes da consultoria. Sabe por quê? Porque funciona de verdade!

De nada adianta fazer os cálculos do seu orçamento, anotar cada despesa, identificar todos os pontos críticos e até tomar algumas atitudes se não houver uma mudança na sua forma de pensar e nos seus hábitos. E isso tem a ver não só com a capacidade de resolver o problema, mas de real interesse (que é diferente de apenas uma vontade), saber o que se quer e aonde quer chegar, ter foco quando as dificuldades surgirem e trabalhar em manter essa mudança, enraizando novos hábitos prósperos. E o apoio da família é importante na consolidação desse processo.

O primeiro passo para resolver um problema é reconhecê-lo. Assumir de verdade que a situação precisa ser resolvida, deixando de cultivar dívidas como se fossem filhos, alimentando e fazendo crescer. Estar nessa situação não se explica por ter entrado no cheque especial ou estourado o limite do cartão: a explicação é que você deu um passo maior que a perna (ou mais que um). E ter a consciência disso.

A sua situação talvez seja muito problemática. Aprendi que, se hoje eu tenho sucesso naquilo que me propus a fazer, é graças a um problema que eu tive. O endividamento com meu pai me levou a outro patamar, que me exigiu uma mudança pessoal real. Uma boa oportunidade muitas vezes aparece na forma de um problema. Certamente essa oportunidade está surgindo agora para você! Então, não deixe essa chance passar!

O método PAGAR só vai funcionar se você mudar o seu mindset

O método PAGAR (Pense, Anote, Gaste menos, Aja e Renegocie) vai te dar um caminho passo a passo para conseguir eliminar suas dívidas e começar a voltar a sorrir de novo! Vamos a ele!

PASSO 1
PENSE DIFERENTE

Mais do que uma frase de efeito: Antes de tudo, é preciso pensar diferente da forma como você sempre pensou. Se hoje você chegou a essa situação, continuar pensando da mesma forma só vai fazer você continuar no mesmo lugar, tendo os mesmos resultados que está tendo. É até lógico isso! Então, é preciso estar com a mente aberta para mudar de verdade!

O conteúdo dos capítulos anteriores foi escrito de forma prática para formatar uma nova forma de pensar, que você deve ter para alcançar uma vida mais próspera. Sugiro que você viva esse conteúdo e releia essas práticas para transformar o texto em pensamentos, e com o tempo em hábitos. Use este livro como um manual, e não como um jornal.

Uma das principais mudanças que você precisa fazer é deixar de antecipar sonhos com dívidas (fazendo financiamentos e empréstimos) e começar a planejar sonhos. Isso vale para a compra de uma casa, carros, e também para compra de eletrônicos, móveis e até para as compras do dia a dia, evitando o consumo caro fora de hora. Ter objetivos de vida claros, traduzidos em quantias e com datas para realização trará uma nova relação com o dinheiro, fazendo com que ele te trate muito melhor. É a tradução dos sonhos em um plano de ação.

Vamos a um exemplo de como fazer diferente: Suponha que um dos seus sonhos seja o bem-estar do seu filho, garantindo o custeio futuro da faculdade quando ele nascer. De uma forma simples, temos:

- Sonho: Bem-estar do futuro do filho
- Objetivo: Custear a faculdade de um filho
- Meta:
  - I. Tempo guardando dinheiro: 20 anos
  - II. Quantia poupada por mês: R$400
  - III. Quantia total acumulada: R$96 mil

A partir do momento que um casal planeja ter um filho, guardando cerca de R$400 por mês, a faculdade de um filho está garantida com planejamento. Se considerarmos essa quantia investida todo mês, rendendo juros de 6% ao ano, a quantia total acumulada passa a ser de R$184.816,36, dando para pagar quase duas faculdades com inteligência financeira!

Sem planejamento e sem inteligência financeira, se você fosse buscar resolver a situação só quando seu filho completasse a idade para cursar a faculdade, pegando dinheiro emprestado com uma dívida de um financiamento estudantil, você teria que pagar aproximadamente o dobro, ou seja, quase dois cursos superiores para ele, assumindo um golpe duro no seu orçamento por muitos anos!

É necessário desenvolver esse tipo de pensamento diferente antes de tomar as atitudes práticas a seguir. Começando a executar o método a partir do passo dois em diante, você até vai conseguir se livrar de algumas dívidas, só que não vai passar muito tempo e naturalmente outras dívidas irão "aparecer" para você cultivar!

Com planejamento, clareza e paciência se conquista mais dinheiro ao longo do tempo. O imediatismo financeiro na maioria das vezes não leva a um bom caminho, levando as pessoas a pegar um dinheiro caro emprestado em vez de conquistar o seu próprio dinheiro, pagando muito mais barato e de forma livre, independente e próspera!

> "Uma pessoa só está sentada em uma sombra hoje porque outra plantou uma árvore há muito tempo."
> (Warren Buffett)

FAÇA VOCÊ MESMO

Traduza um sonho que você tenha em objetivo e meta, com tempo e quantia!

- Sonho: _____
- Objetivo: _____
- Meta:
    - I. Tempo guardando dinheiro: _____ anos
    - II. Quantia poupada por mês: R$ _____
    - III. Quantia total acumulada: R$ _____

PASSO 2
ANOTE SUAS DÍVIDAS

A maioria das pessoas que atendi na consultoria tinham várias dívidas de tipos e instituições diferentes. Normalmente, elas estavam com os cartões de crédito com pagamentos em aberto, usando o cheque especial das contas-correntes, além de boletos em atraso.

Anotar todas as suas dívidas vai deixar o problema muito mais claro. Conversei com dezenas de pessoas que tinham simplesmente esquecido de alguns boletos antigos que não foram pagos. Além disso, a maioria dos meus clientes nem imaginavam a quantia total das dívidas que tinham em aberto! Então, não subestime esse importante passo! Papel e caneta e vamos lá!

> Para poder ter controle da situação, você precisa medir todas as suas dívidas!

Para obter esses dados, você deve ligar no seu banco ou instituição e se informar sobre as taxas e juros do contrato de cada um dos produtos adquiridos, além da quantia total do saldo devedor, quantidade e quantia das parcelas. Alguns desses dados podem estar na fatura do cartão de crédito, por exemplo.

Você deve obter todas as taxas de juros das dívidas que tem. Isso inclui financiamentos, empréstimos, rotativo do cartão de crédito, cheque especial etc. Busque também a quantia total aproximada no caso de quitação de cada dívida. Segundo o SPC Brasil, 96% dos brasileiros não sabem as taxas de juros dos seus cartões de crédito!

Para facilitar para você, vou colocar aqui um caso real da consultoria. Aqui está a anotação das dívidas de uma cliente (vamos chamá-la de Bernadete) da cidade de Uberaba-MG em 2017. Apenas os nomes das instituições foram alterados e ordenei as dívidas por ordem decrescente de taxa de juros (da maior para a menor).

- Dívida 1: Cartão de crédito — Banco ABCD
  - Ordem para quitar dívida: 1º
  - Saldo devedor em aberto: R$17.087,20
  - Meses em atraso: 4
  - Juros: 317,1% ao ano
  - Quantia aproximada para quitação: R$9.021,10
- Dívida 2: Cheque especial — Banco ABCD
  - Ordem para quitar dívida: 2º
  - Saldo devedor em aberto: R$15.185,44
  - Meses em atraso: 3
  - Juros: 311,38% ao ano
  - Quantia aproximada para quitação: R$8.152,55
- Dívida 3: Crédito parcelado — BanCrédito
  - Ordem para quitar dívida: 3º
  - Parcela: R$460,61
  - Parcelas: 18 de 48
  - Juros: 55,2% ao ano
  - Quantia aproximada para quitação: R$5.576,26
- Dívida 4: Empréstimo consignado — BanCrédito
  - Ordem para quitar dívida: 4º
  - Parcela: R$739,41
  - Parcelas: 23 de 48
  - Juros: 27,24% ao ano
  - Quantia aproximada para quitação: R$13.198,92

- Dívida 5: Financiamento do carro (CDC com garantia) — XYZ Financeira

  - Ordem para quitar dívida: 5º
  - Parcela: R$705,01
  - Parcelas: 09 de 48
  - Juros: 24,81% ao ano
  - Quantia aproximada para quitação: R$20.068,27

- Dívida 6: Financiamento de terreno — Incorporadora X

  - Ordem para quitar dívida: 6º
  - Parcela: R$849,90
  - Parcelas: 21 de 144
  - Taxa de juros: 11,5% ao ano
  - Quantia aproximada para quitação: R$101.211,50

- Dívida 7: Financiamento casa (Sistema SAC) — Banco da Nação

  - Ordem para quitar dívida: 7º
  - Parcela: R$443,83
  - Parcelas: 30 de 360
  - Taxa de juros do contrato: 6,66% ao ano
  - Quantia aproximada para quitação: R$110.173

Nesse caso, as dívidas 1 e 2 devem ser sanadas com mais rapidez, já que as taxas de juros são bem mais altas que as demais e a dívida é considerável. Faça uma lista como essa com a sua situação e identifique as dívidas que você precisa dar foco!

As dívidas que tiverem os juros mais altos e com maior desconto na quitação/renegociação serão aquelas que você tem que se dedicar primeiro para acabar o mais rápido possível. Normalmente elas se enquadrarão em algum dos primeiros itens da lista a seguir.

Classificação de tipo de dívida:

A. Dívida com agiota e similares

B. Cheque especial

C. Cartão de crédito

D. Empréstimos e créditos em financeiras

E. Financiamento de automóveis

F. Empréstimo pessoal consignado com desconto em folha

G. Financiamento pelo Sistema Financeiro Habitacional (SFH)

H. Empréstimo digital pessoal, consignado ou com garantia de imóvel ou carro (fintechs)

I. Financiamento habitacional subsidiado pelo Governo

A ordem desses itens pode se alterar no seu caso, dependendo da instituição e condições que você tiver contraído as dívidas. As dívidas A, B e C costumam ser as mais duras e as dívidas H e I normalmente são mais leves, podendo substituir as dívidas mais caras ou podendo esperar um pouco mais para serem sanadas, caso você já as tenha.

Marque cada dívida com um número, com uma ordem de prioridade. As dívidas com juros maiores devem ser as primeiras a serem quitadas.

No exemplo, a dívida 6 é um financiamento de um terreno, feito com a justificativa da cliente como sendo um "investimento". Nessa situação, os investimentos precisam ser evitados, mesmo aqueles que multiplicam o seu dinheiro, como esse, títulos públicos ou CDBs, já que a rentabilidade recebida é bem menor que os juros das dívidas acumuladas em aberto. Nesse caso, o financiamento do terreno ainda foi pior, já que ela estava pagando juros consideráveis em troca de uma possível valorização futura (sem levar em conta os impostos envolvidos e a manutenção).

> Se você tem um investimento, reveja!
> Manter dívidas normalmente sai mais
> caro que investir!

FAÇA VOCÊ MESMO:

Elabore a listagem das suas dívidas, classificando cada uma de 1 a 15:

- Dívida 1: _____
  - Ordem para quitar dívida: _____
  - Parcela: R$ _____
  - Parcelas: _____ de _____
  - Meses em atraso: _____
  - Juros: _____ % ao ano
  - Quantia aproximada para quitação: R$ _____

- Dívida 2: _____
  - Ordem para quitar dívida: _____
  - Parcela: R$ _____
  - Parcelas: _____ de _____
  - Meses em atraso: _____
  - Juros: _____ % ao ano
  - Quantia aproximada para quitação: R$ _____

- Dívida 3: _____
    - Ordem para quitar dívida: _____
    - Parcela: R$ _____
    - Parcelas: _____ de _____
    - Meses em atraso: _____
    - Juros: _____ % ao ano
    - Quantia aproximada para quitação: R$ _____

- Dívida 4: _____
    - Ordem para quitar dívida: _____
    - Parcela: R$ _____
    - Parcelas: _____ de _____
    - Meses em atraso: _____
    - Juros: _____ % ao ano
    - Quantia aproximada para quitação: R$ _____

- Dívida 5: _____
    - Ordem para quitar dívida: _____
    - Parcela: R$ _____
    - Parcelas: _____ de _____
    - Meses em atraso: _____
    - Juros: _____ % ao ano
    - Quantia aproximada para quitação: R$ _____

- Dívida 6: _____
  - Ordem para quitar dívida: _____
  - Parcela: R$ _____
  - Parcelas: _____ de _____
  - Meses em atraso: _____
  - Juros: _____ % ao ano
  - Quantia aproximada para quitação: R$ _____

- Dívida 7: _____
  - Ordem para quitar dívida: _____
  - Parcela: R$ _____
  - Parcelas: _____ de _____
  - Meses em atraso: _____
  - Juros: _____ % ao ano
  - Quantia aproximada para quitação: R$ _____

- Dívida 8: _____
  - Ordem para quitar dívida: _____
  - Parcela: R$ _____
  - Parcelas: _____ de _____
  - Meses em atraso: _____
  - Juros: _____ % ao ano
  - Quantia aproximada para quitação: R$ _____

- Dívida 9: _____
  - Ordem para quitar dívida: _____
  - Parcela: R$ _____
  - Parcelas: _____ de _____
  - Meses em atraso: _____
  - Juros: _____ % ao ano
  - Quantia aproximada para quitação: R$ _____

- Dívida 10: _____
  - Ordem para quitar dívida: _____
  - Parcela: R$ _____
  - Parcelas: _____ de _____
  - Meses em atraso: _____
  - Juros: _____ % ao ano
  - Quantia aproximada para quitação: R$ _____

- Dívida 11: _____
  - Ordem para quitar dívida: _____
  - Parcela: R$ _____
  - Parcelas: _____ de _____
  - Meses em atraso: _____
  - Juros: _____ % ao ano
  - Quantia aproximada para quitação: R$ _____

- Dívida 12: _____

  - Ordem para quitar dívida: _____

  - Parcela: R$ _____

  - Parcelas: _____ de _____

  - Meses em atraso: _____

  - Juros: _____ % ao ano

  - Quantia aproximada para quitação: R$ _____

- Dívida 13: _____

  - Ordem para quitar dívida: _____

  - Parcela: R$ _____

  - Parcelas: _____ de _____

  - Meses em atraso: _____

  - Juros: _____ % ao ano

  - Quantia aproximada para quitação: R$ _____

- Dívida 14: _____

  - Ordem para quitar dívida: _____

  - Parcela: R$ _____

  - Parcelas: _____ de _____

  - Meses em atraso: _____

  - Juros: _____ % ao ano

  - Quantia aproximada para quitação: R$ _____

- Dívida 15: _____
  - Ordem para quitar dívida: _____
  - Parcela: R$ _____
  - Parcelas: _____ de _____
  - Meses em atraso: _____
  - Juros: _____ % ao ano
  - Quantia aproximada para quitação: R$_____

PASSO 3
GASTE MENOS, ESTABELEÇA UM LIMITE MÁXIMO MENSAL

Antes de falar sobre esse passo, é importante falar sobre um ponto muito importante.

Praticamente todos os meus clientes da consultoria que estavam endividados mantinham mais de um cartão de crédito. Lembro que um casal de São Paulo na fase de levantamento de despesas e corte de gastos me disseram que usavam sete cartões de crédito!

Não sou contra ter cartão de crédito, na verdade, muito pelo contrário. Hoje em dia, o cartão de crédito usado de forma inteligente traz mais facilidades e vantagens do que não ter um, para a maioria das pessoas. A questão é que essas pessoas usavam a soma dos limites de todos os cartões de crédito para gastar durante todo o mês! Exemplo:

- Limite cartão 1: R$4 mil
- Limite cartão 2: R$5 mil
- Salário: R$6 mil

A soma dos limites dos cartões nesse caso é de R$9 mil, bem maior que o salário recebido. Logo de cara, as chances de sair endividado usando esses dois cartões são enormes! Isso porque nem tudo dá para ser pago com o cartão de crédito! A justificativa de necessidade de parcelar compras também não é válida, já que esse momento é delicado e é preciso cortar o mal pela raiz.

O problema em si não é ter mais de um cartão. O problema é que isso cria um poder de compra que não existe, fazendo com que naturalmente haja descontrole financeiro. O que é normal: tudo aquilo que não medimos, não conseguimos controlar! Alguns clientes nesse passo revelaram que já se esqueceram de pagar a fatura de um dos cartões pelo fato de não usar tanto ou pela data de vencimento de uma fatura ser diferente do vencimento da fatura de outro cartão!

FACILITE SUA VIDA! TENHA NO MÁXIMO UM CARTÃO DE CRÉDITO!

O ideal é você ter apenas um cartão de crédito e com o limite máximo de gastos mais dentro da realidade da sua renda mensal. Ainda assim, é preciso agir com consciência, já que nem tudo é pago no cartão de crédito e durante o mês você precisa de dinheiro em conta-corrente para pagar as contas. Coloque o vencimento da fatura do cartão de crédito alguns dias depois do seu recebimento principal. Esse pagamento é prioridade, já que as taxas de juros para atraso de pagamento são uma das maiores que existem!

Ter mais de um cartão de crédito normalmente cria uma falsa ideia de que você pode gastar mais do que recebe. Você tem um limite máximo irreal de gastos! Qualquer tipo de racionalização para manter isso é ilógica e você é estimulado pelo banco a consumir mais do que precisa e pode. Uma das primeiras atitudes que oriento nas consultorias é cancelar cartões de crédito, principalmente os com anuidade alta e diminuir o limite do único cartão para 60% da renda mensal líquida. Faça isso!

Porque o limite do cartão não pode ser a quantia total da renda mensal? Porque nem tudo que se gasta no mês dá para pagar no cartão de crédito. Por exemplo, a conta de energia, condomínio, o aluguel, cursos e boletos em geral normalmente não são pagos com a função crédito e alguns deles são pagos, inclusive, à vista em dinheiro. Então, para calcular quanto deve ser o seu limite do cartão de crédito, veja o exemplo abaixo do Dagoberto (nome alterado), recém-formado que morava em 2017 em uma cidade do interior de Minas Gerais:

Exemplo: Despesas que não passam no cartão (por mês):

- Energia (débito automático): R$200

- Aluguel e condomínio (dinheiro): R$1 mil

- Curso (boleto): R$350

- Carteira (dinheiro): R$200

- Internet/telefone (débito automático): R$150

- Outros (gás, água — dinheiro): R$100

  TOTAL: R$2 mil

Nesse exemplo, o salário líquido do Dagoberto é R$5 mil. Diminuindo R$2 mil das despesas que não passam no cartão (calculado acima), o limite para gastos com cartão de crédito não deve ser mais que R$3 mil (60% do salário líquido).

Agora anote também as suas despesas que você não passa no cartão, usando esse modelo. Faça a soma e confira.

FAÇA VOCÊ MESMO

Liste as suas despesas que não passam no cartão (por mês):

- Energia _____: R$_____
- _____ (_____): R$_____
- _____ (_____): R$_____
- _____ (_____): R$_____
- _____ (_____): R$_____
- _____ (_____): R$_____
- _____ (_____): R$_____
- _____ (_____): R$_____
- _____ (_____): R$_____
- _____ (_____): R$_____
- _____ (_____): R$_____
- _____ (_____): R$_____
- _____ (_____): R$_____
- _____ (_____): R$_____
- _____ (_____): R$_____
- _____ (_____): R$_____
- _____ (_____): R$_____
- Carteira (dinheiro): R$ _____
- Outros (_____ — _____): R$_____
- TOTAL (x): R$_____

Meu salário líquido: R$_____ - _____(x) = R$ _____
(meu limite máximo para gastos com cartão de crédito)

Com o limite máximo de gastos do cartão de crédito trazidos para a realidade, é hora de estabelecer um limite total de gastos mensais. Para isso, temos o exemplo do levantamento de despesas de um casal do Piauí, que você pode usar como modelo para montar o seu.

Logo no primeiro mês de consultoria, sugeri que eles cancelassem todos os cartões que tinham cobrança de anuidade (os de limite de R$2.500, R$700 e de R$1.600 do marido) e os cartões da esposa (um de uma cooperativa bancária e outro de um banco tradicional). Cada um ficou com apenas um cartão de crédito sem anuidade (naquele momento era necessário), com o limite de R$3 mil cada, já que o salário somado dos dois era em torno de R$9.600.

O limite de gastos mensais do casal ficou assim:

- Renda mensal total líquida: R$9.600.

- Despesas fixas e que não mudam = R$3.600.

Aqui incluímos aluguel, condomínio, financiamento de carros e demais boletos. Fizemos um arredondando para cima, o que é uma boa prática e essa quantia é aquela que o casal tinha que ter em conta--corrente para pagamento, fora do cartão de crédito.

- Gastos variáveis máximos foram de no máximo R$2.900 para cada um (R$5.800 no total para o casal). Essas despesas entram nos gastos com cartão de crédito.

Aqui incluímos lazer, higiene, alimentação e compras parceladas já realizadas.

- Diminuindo a renda mensal total líquida de todas as despesas temos: R$9.600 - R$3.600 - R$2.900 - R$2.900 = R$200. Assim, R$200 será a meta para economizar do primeiro mês. Recomendei algo simples: colocar em um envelope lacrado no primeiro dia do recebimento do salário esse dinheiro, guardando-o até o fim do mês. No caso do casal, como tinham muitas dívidas parceladas nos cartões e despesas fixas que não eram possíveis de reduzir no momento, a quantia poupada no primeiro mês foi menor que 10%.

Nesse caso, o limite máximo de gastos do casal ficou bem próximo da renda mensal total líquida. Isso aconteceu por ter sido o primeiro mês, um período de adaptações. A ideia é que esse limite vá diminuindo ao longo dos meses, com o auxílio do próximo passo (Passo 4 — A).

Foi considerada a renda mensal total líquida porque no caso de empréstimos consignados descontados em folha, a quantia do débito já era descontada do salário. Na verdade, em todo livro, quando falamos em renda mensal, estamos considerando aquilo que você recebe líquido na conta por mês! Caso você tenha esse tipo de empréstimo, descontos de INSS (previdência pública) e IR (imposto de renda), considere apenas o que você realmente tem disponível!

Uma boa estratégia usada aqui é: no primeiro dia do recebimento, separe a quantia em um envelope livre do seu alcance. Mesmo sendo uma estratégia forçada, poupar assim costuma funcionar muito bem principalmente para quem tem dívidas ou está começando a se reeducar financeiramente. Cancelar o cheque especial automático da conta bancária também é outra ótima prática!

E lembre-se: estar em situação de dívida vai exigir que você corte o padrão de vida de forma proporcional. Reconheça que é preciso mudar e abrir mão de alguns confortos e exageros. E saiba que é uma situação passageira, e que aos poucos dá para recuperar o padrão de vida.

É importante também durante todo o processo não assumir mais dívidas como, por exemplo, abrir uma nova conta para usar o cheque especial ou pegar um empréstimo em bancos ou financeiras a juros caros. Siga esse método como está aqui, evitando essas tentações e você sairá vitorioso dessa batalha!

Agora monte o mesmo limite de gastos mensais para o seu caso!

FAÇA VOCÊ MESMO

Anote seu limite de gastos mensais:

• Renda mensal total líquida: R$ _____

• Despesas fixas e que não mudam = R$ _____

• Gastos variáveis máximos: R$ _____

• Diminuindo a renda mensal total líquida de todas as despesas temos:

R$_____ - R$_____ = R$_____ > essa será a meta para economizar do primeiro mês. Você pode colocar em um envelope lacrado no primeiro dia do recebimento do salário esse dinheiro, guardando-o até o fim do mês.

PASSO 4

AJA, COLOQUE O PLANO EM PRÁTICA

O universo conspira a favor de ação. Pensamento, palavras e vontade por si só não trazem nenhum resultado. Um plano de ação é importante, pois nele você vai definir as datas e quantias que vai precisar para pagar os compromissos realizados.

Uma estratégia que funcionou muito ao longo de todos esses anos de consultoria foi: dividir o mês em semanas.

Exemplo: Considerando um mês com quatro semanas, pegue o seu salário líquido (Ex.: R$4.400) e divida pela quantidade de semanas. O resultado (R$1 mil) é quanto você pode gastar em cada semana, já que aproximadamente 10% (R$400) você vai reservar para juntar e pagar as dívidas já realizadas.

Na semana 1, pode ser que suas contas consumam a maior parte dos R$1 mil. Dessa forma, caso na semana 1 você estoure o seu orçamento semanal, o seu mês não está comprometido ainda.

Supondo que você gaste R$1.300 na semana 1 (estourando os R$1 mil de meta): Na semana 2 você vai compensar isso, gastando apenas R$700

(R$1 mil - R$300) e assim por diante. Se mesmo assim não conseguir, você ainda terá mais duas chances na semana 3 e na semana 4. Dessa forma, você não terá surpresas quando o mês acabar!

Esse exercício você fez lá no Capítulo 5 — Verdades e bons hábitos (Hábito bom 3: Divida o mês em semanas).

Para conseguir isso, você vai ter que diminuir o seu padrão de vida! Aprender a viver com menos para que esse momento de turbulência passe e você consiga respirar. É dar um passo para trás para dar muitos passos à frente no futuro!

Como exemplo disso, segue abaixo a lista original de despesas mensais de um casal de médicos de João Pessoa-PB em 2015, com alterações apenas nos nomes das empresas. Escolhi esse caso porque ele abrange um bom número de despesas diferentes, sendo mais completa. Faça uma lista parecida com essa que corresponde a um mês típico e corte os gastos como faremos aqui:

1. Seguro Seguradora XYZ carro: R$374,55 (1/4)
2. Empréstimo 2 Banco da Nação: R$2.431,79 (1/36)
3. Carro: R$2.160
4. BancoCred (aplicação): R$110
5. Empregada doméstica: R$1.500
6. Empréstimo Banco da Nação: R$1.588,06 (3/20)
7. Academia: R$169 (6/6)
8. Planos de saúde UniSaúde S (Mãe + irmãs): R$1.250
9. Internet + TV: R$292
10. Aluguel: R$1.850
11. Plano de saúde UniSaúde S: R$1.050
12. Seguro BanCo carro: R$596,48 (3/6)
13. Corte de cabelo: R$45
14. Feira (supermercado): R$1.700
15. Celular S: R$25
16. Condomínio: R$1 mil
17. TeleCom: R$500
18. Academia esposa: R$100
19. Pós-graduação: R$2 mil

20. Petshop: R$150

21. Água mineral: R$64

22. Luz: R$400

23. Gasolina: R$1.300

24. Padaria: R$400

As despesas mensais de um mês típico do casal estão apresentadas (sem contar alguns boletos, impostos e taxas que ficaram em atraso). Essa vai ser uma das partes mais desafiantes para você, assim como foi para o casal: cortar e diminuir algumas despesas (e com isso, o seu padrão de vida).

Para isso, a proposta ao casal foi que as despesas 3, 4, 11, 17, 21 (aproximadamente R$3.900) fossem cortadas naquele momento e as despesas 5, 9, 14, 22, 23 e 24 fossem reduzidas (um corte de R$2.300).

A proposta de corte de despesas foi que a despesa 4 não fazia sentido, já que era um investimento mensal que rendia menos que os juros pagos em todas as dívidas em aberto, que foi cancelado e resgatado, sendo a quantia acumulada para o Passo 5 (R). O plano de saúde foi suspenso no momento, uma importante decisão (despesa 11). Na despesa 17, um ajuste de planos de telefonia foi feito com outra empresa que já atendia o casal e essa despesa passou a não fazer mais sentido. Galões de água foram substituídos por um filtro na cozinha (despesa 21).

A proposta de redução de despesas foi que a empregada doméstica fosse suspensa até o reequilíbrio das contas do casal, sendo divididas as tarefas domésticas entre a família e uma diarista (despesa 5). O combo foi negociado por meio de uma ligação, com redução do pacote e diminuição de preço (despesa 9). Houve substituição de alimentos e redução de compras excessivas nas despesas 14 e 24. A despesa 22 foi reduzida com mudança de hábitos de uso doméstico.

O casal vendeu um dos carros que tinham, livrando-se da despesa 3 e reduzindo a despesa 23. O dinheiro da venda do carro foi destinado a saldar algumas dívidas mais imediatas que tinham altíssimas taxas de juros e outras dívidas que causariam impacto profissional e legal.

Às vezes, é importante dar um passo para trás, para que se possa dar mais passos adiante no futuro. Desfazer-se de bens de alto preço, como um carro ou um imóvel é uma opção de um bom pontapé inicial para caminhar rumo ao reequilíbrio da sua vida financeira, caso os bens não estejam penhorados.

Caso o processo de penhora de bens já tenha acontecido, que é a apreensão dos bens de devedor como garantia de execução da dívida, uma vez iniciado o processo de cobrança judicial, o devedor perde o direito de dispor para negociação ou venda. Normalmente é mais vantajoso quitar a dívida e não perder o bem, evitando que isso aconteça, já os custos para cobrir os juros, custas e honorários advocatícios devidos são cobrados na íntegra.

É importante avaliar se a sua dívida pode desencadear na penhora do próprio bem ou de outros bens. Então, na hora de priorizar o pagamento, use também o critério das dívidas que são passíveis de penhora, para que todo esse processo de execução seja evitado. Via de regra, o único imóvel residencial próprio, roupas, salário para sustento, pertences domésticos e bens utilizados no trabalho são impenhoráveis. Apesar disso, outros bens podem ser penhoráveis, dependendo do desenrolar do processo, como dinheiro em espécie, outros imóveis, automóveis e metais preciosos.

A Matilde, como citamos nos capítulos anteriores, também tomou essa decisão importante de se desfazer de um bem de mais alto preço quando estava endividada. A partir da análise que fizemos, a única saída naquele momento para ela foi se desfazer do seu automóvel. Uma decisão muito dura, difícil e que talvez sirva para o seu caso.

As despesas do casal, que estavam acima de R$20 mil, diminuíram em cerca de 30%, indo para aproximadamente R$14 mil. Como o casal tinha uma renda mensal de cerca de R$19 mil, os gastos mensais, que eram maiores que o que o casal recebia por mês, ficaram menores. A economia foi de R$5 mil e o objetivo dessa quantia foi um só: negociar dívidas em atraso já contraídas (Passo 5 — R). Faça isso também!

FAÇA VOCÊ MESMO

Agora faça o levantamento e cortes das suas despesas! Lembre--se de desmembrar o máximo possível a sua despesa. Exemplo: em vez de colocar Lazer — R$800 por mês, tente colocar Viagens — R$400; Restaurantes — R$200; Cinema — R$60 e Festas — R$140. Dessa forma, vai ser possível identificar melhor onde estão os gastos "ocultos", que tiram o dinheiro do seu bolso e que dão a impressão de chegar ao final do mês e você não saber como gastou tudo.

1. Energia: R$_____
2. Supermercado: R$_____
3. Celular: R$_____
4. Internet + TV: R$_____
5. Empregada doméstica: R$_____
6. Moradia: R$_____
7. Empréstimo_____:R$_____ (__/__)
8. Empréstimo_____:R$_____ (__/__)
9. _____:_____
10. _____:_____
11. _____:_____
12. _____:_____
13. _____:_____
14. _____:_____

PASSO A PASSO PARA ACABAR COM AS DÍVIDAS| 163

15. _____ : _____
16. _____ : _____
17. _____ : _____
18. _____ : _____
19. _____ : _____
20. _____ : _____
21. _____ : _____
22. _____ : _____
23. _____ : _____
24. _____ : _____
25. _____ : _____
26. _____ : _____
27. _____ : _____
28. _____ : _____
29. _____ : _____
30. _____ : _____
31. _____ : _____
32. _____ : _____
33. _____ : _____
34. _____ : _____
35. _____ : _____
36. _____ : _____
37. _____ : _____
38. _____ : _____
39. _____ : _____

40. _____:_____

41. _____:_____

42. _____:_____

43. _____:_____

44. _____:_____

45. _____:_____

46. _____:_____

47. _____:_____

48. _____:_____

49. _____:_____

50. _____:_____

PASSO 5
RENEGOCIE AS DÍVIDAS

Sabendo a quantia que você vai economizar por mês, é possível saber exatamente aquilo que você vai ter para renegociar as dívidas em aberto. Esse passo é importante especialmente quando envolve penhora, já que a renegociação normalmente é mais vantajosa que a simples perda futura do bem. Vamos usar o exemplo da Bernadete que mostramos no Passo 2 (A).

- Dívida 1: Cartão de crédito — Banco ABCD

  - Saldo devedor em aberto: R$17.087,20
  - Meses em atraso: 4
  - Juros: 317,1% ao ano
  - Quantia aproximada para quitação: R$9.021,10

Para conseguir quitar essa dívida com renegociação, você pode usar a seguinte estratégia: definir qual a quantia máxima que você vai conseguir economizar todo mês, somar com o dinheiro da venda de bens que você tem e calcular quantos meses você terá para conseguir juntar o que corresponde à metade do que a instituição fala que você deve. Vamos a um exemplo:

- Economizar: R$400 por mês
- Renda extra: R$250 por mês
- Quanto tempo? 6 meses
- Vender item de maior preço: R$3.850
- Soma total: R$7.750 (50% da dívida hoje) — oferecer como pagamento à vista

Nesse caso, a Bernadete vendeu equipamentos que estavam com pouco/nenhum uso em um site de classificados (um tablet, um aparelho celular e um notebook antigo), conseguindo R$3.850. Além disso, uma renda extra com a internet foi obtida, totalizando R$1.500 (R$250 por mês). A soma total (R$2.400 + R$3.850 + R$1.500 = R$7.750) foi suficiente para que o Banco ABCD aceitasse a proposta de pagamento de R$7.750 para quitar a dívida 1 (a que tinha os juros mais altos), depois de alguns dias de negociação.

Caso você tenha algum dinheiro em conta ou quantia extra a receber (13º salário, pagamento, bônus, comissões), não pense duas vezes! Some e use para quitar dívida!

Mesmo sabendo que corre juros em todo esse tempo, aumentando o saldo devedor, a sua proposta de pagamento será menor que 50%. Não se preocupe tanto com isso! Nesse momento, aproveite também para fazer uma revisão do contrato com o objetivo de conseguir um bom acordo, o que vai ficar bom para ambas as partes.

E não é melhor deixar a dívida prescrever ou caducar? Uma dívida caduca quando a instituição não emite o comunicado de pagamento no prazo de cinco anos a partir do exercício seguinte. Ou seja, se no período estipulado pela lei a cobrança não chegar a você, a dívida é extinta e não precisa ser paga. Nesse caso vale a pena!

Agora a prescrição ocorre quando a instituição ou órgão não fez a cobrança do débito após ver que existe inadimplência. O comunicado de pagamento foi enviado, mas não houve pagamento e teve a "negativação". A partir daí, correm cinco anos para cobrar ou executar a dívida. Caso contrário, a dívida prescreve e não pode ter mais cobrança.

Depois dos cinco anos, em todo caso, a dívida deixa os órgãos de proteção de crédito, como o SPC ou Serasa. Mas é aí que muitos se enganam: você não deixa de ter a dívida! A pendência continua em aberto e ela não deixa de existir se prescrita! A instituição para qual você deve não deixará de te cobrar. E ela até pode vender essa dívida para uma empresa de cobranças, e essa empresa continuar te cobrando. Apenas no caso da dívida ser pequena em relação ao custo de cobrança, a empresa costuma desistir. Do contrário, a cobrança continua e você pode ter problemas com a instituição. E o principal: o mercado tem controle do seu histórico de consumo e isso pode te prejudicar no futuro. Sabendo disso, caso sua dívida esteja próxima de completar cinco anos, use isso como argumento, buscando um maior desconto na renegociação.

Você também pode usar outros argumentos como: o pagamento é à vista e em dinheiro, já foi pago mais do dobro da quantia emprestada; outras dívidas pessoais estão em aberto e em negociação e estou usando o critério de maior desconto para quitar minhas dívidas, pretendo manter o relacionamento com a instituição dependendo dessa negociação; bancos digitais estão com propostas melhores de relacionamento e tenho uma proposta de portabilidade de dívida (Item H do passo 2 — A). Você deve usar esses argumentos se fizer sentido para o seu caso!

Cuidado com a proposta que a instituição faz! Nesse ponto muitos bancos e instituições financeiras se aproveitam para garantir um cliente para sempre. Quando a instituição é quem faz a proposta, o que eles oferecem, em vez de uma renegociação de dívida, na verdade, é um novo contrato de dívidas para você, aumentando mais o tempo que você vai pagar, parecendo ser um bom negócio. Não se deixe seduzir por isso! Normalmente, são embutidos mais juros e o tamanho da parcela diminui, causando uma falsa impressão de alívio no pagamento de parcelas. Tome cuidado! Não aceite a proposta da instituição, faça a sua!

Seja duro na queda. Se a instituição ainda for resistente, mantenha-se firme e evite aceitar a proposta que eles fazem, que normalmente é de te manter como cliente por mais tempo. Mate o mal pela raiz, e só aceite pagar à vista tudo com muito desconto ou nada de pagamento!

> ## Faça a sua proposta à vista e não aceite aumentar o tempo da dívida com mais juros!

Em alguns casos, vale a pena fazer a portabilidade de algumas dívidas (Item H do passo 2 — A), adquirindo uma dívida mais barata para quitar outra dívida mais cara. No passo 2, vimos que normalmente uma dívida mais barata como o empréstimo pessoal consignado é mais adequada do que manter uma dívida no cartão de crédito atrasada (por exemplo), já que as taxas de juros do cartão são bem maiores.

Atenção! Tome muito cuidado com isso! Essa é uma exceção e só assuma uma nova dívida nesse caso se precisar. Tente unificar 2 ou mais dívidas em uma única com juros muito menor, quitando as anteriores. Faça isso com muita cautela e moderação! Prometa para si mesmo que será a última dívida...

Compare a taxa de juros e as tarifas adicionais cobradas de cada um deles e faça a troca se for vantajoso. Existem instituições que oferecem taxas de juros bem menores para empréstimos do que as praticadas nos cartões de crédito, cheque especial ou nos empréstimos tradicionais. Enquanto os cartões de crédito podem cobrar cerca de 150% ao ano em uma dívida, esse tipo de empréstimo pode chegar a menos de 20% ao ano em instituições de crédito pessoal digital (fintechs). Em alguns casos, uma das exigências é você colocar como garantia um imóvel ou carro em seu nome.

> ## Trocar uma dívida dos primeiros itens A, B, C... por uma dívida do item F, H (passo 2) pode ser uma boa ideia se for feito com consciência e inteligência financeira.

Compare a taxa de juros efetiva contratada, observando o CET (Custo Efetivo Total) e confira se realmente a taxa de juros cobrada na nova dívida vai realmente ficar bem menor que a taxa de juros que você está pagando.

Durante todo o livro, o termo "taxa de juros" a ser paga foi usado para facilitar o entendimento, deixando mais simples para você. Na realidade, é importante verificar qual é o CET da sua dívida. Ele contém todos os encargos, tributos, taxas e despesas de um empréstimo ou financiamento. Ou seja, os juros é uma parte do CET da contratação de um serviço. O CET corresponde então ao custo total que você paga pela dívida.

> ## CET = JUROS + TAXAS + ENCARGOS + TRIBUTOS + SEGUROS

Lembre-se: Contrair uma nova dívida mesmo fazendo essa portabilidade é um novo compromisso sério, ainda mais quando já se tem outras dívidas no orçamento. Faça isso com responsabilidade e lembre que para realmente conseguir se livrar de todas as dívidas tudo vai depender da mudança de seus hábitos financeiros!

Se as suas dívidas incluírem impostos e tributos com o governo, como o IPTU, por exemplo, fique atento. O seu município pode lançar programas de descontos de juros e multas que podem chegar a 100%, normalmente no início de cada ano. Verifique o calendário e o histórico de quando isso acontece na sua cidade e leve em consideração essa oportunidade.

Alguns municípios disponibilizam uma página na internet para negociação online de dívidas, onde você pode simular o montante total da sua dívida. Os juros dessas dívidas normalmente não são tão altos como os juros do cartão de crédito ou do cheque especial. Se você tem essas dívidas mais caras para pagar e não tiver um bom desconto para pagamento de dívidas com o governo, desconsidere essa opção. Do contrário, você pode efetuar esse pagamento, principalmente se isso tiver impacto na sua vida profissional ou com a justiça.

CONSIDERAÇÕES FINAIS

Com este livro, você teve a oportunidade de aprender como começar a pensar de forma próspera, tendo a base para construir hábitos saudáveis para o seu bolso ao longo do tempo. Teve acesso a um conteúdo que reuni e aprendi, na teoria e na prática, e que pode te ajudar muito a chegar a um patamar mais alto. Para isso, você deve colocar em prática dia após dia o que leu aqui.

Você aprendeu como identificar e organizar suas dívidas, conhecendo com detalhes cada uma delas com precisão. Isso é fundamental para que você consiga vencê-las, uma por uma. Afinal de contas, para vencer um inimigo, precisamos conhecer cada uma de suas características. Com isso, definimos um plano prático para selecionar qual dívida atacar primeiro, com renegociação e descontos de forma vantajosa para o seu bolso.

Como orientação geral, faça os exercícios propostos ao longo do livro, e use os modelos e as tabelas do método para aplicar no seu caso. Releia de tempos em tempos os princípios contidos neste livro, fazendo um comparativo do que você tem alcançado e comparando sua evolução.

Existe uma tendência de juros baixos no Brasil, que foi causado por mudanças na economia, levando a várias quedas da Taxa Selic, que é referência para os juros da economia brasileira, especialmente para os juros das suas dívidas. Infelizmente, a maioria das instituições financeiras não tem repassado esses juros menores na hora de você pagar as suas parcelas, mesmo você tendo aceitado pagar caro por elas assinando um contrato. Fique atento a isso, use também como argumento o fato da Taxa Selic estar mais baixa agora, se comparada à data que você contraiu a dívida.

O tema do endividamento ainda atinge milhões de brasileiros, que transferem muito dinheiro todos os anos a instituições financeiras, agiotas, bancos, instituições de crédito e muitos outros. Precisamos mudar essa situação abusiva. Vamos vencer juntos esse problema, com mais educação financeira e livros como este.

Eu espero que você fique livre para sempre de dívidas caras. Que você possa ter um novo horizonte pela frente, sem a dependência do dinheiro emprestado dos outros, tendo e multiplicando o seu próprio dinheiro. Que você possa aplicar esse livro em sua vida prática, fazendo você abandonar as dívidas e voltando a sorrir, com uma vida leve, feliz e próspera. Que a sua meta seja de enriquecer e não de viver apertado pagando contas.

Depois de concluir essa etapa, você estará pronto para começar a investir de verdade, iniciando com a formação da sua reserva de emergência.

PARA SABER MAIS:
Para ampliar seus conhecimentos e começar a ver o novo mundo que te espera

No link: https://www.financaspessoais.net.br/comecar-a-investir

GLOSSÁRIO

Abastança: excesso de provimentos e haveres; abundância, riqueza.

Ações: representam uma fração do capital social de uma empresa. É um "pedaço de uma empresa". Ao comprar uma ação, o investidor se torna sócio da empresa, ou seja, de um negócio.

Agiota: é o indivíduo que empresta dinheiro para outra pessoa de modo ilegal, com taxas de juros altamente elevadas e sem a autorização do Banco Central.

Airbnb: é um serviço online comunitário para as pessoas anunciarem, descobrirem e reservarem acomodações e meios de hospedagem.

Bitcoin: é uma forma de moeda digital, criada e que existe eletronicamente, sem intermédio de financeiras.

Capitalismo: é um sistema econômico que está baseado na propriedade privada dos meios de produção e tem como principais objetivos o lucro e a acumulação de riquezas. Esse é o sistema mais adotado no mundo atualmente.

CDB: Certificado de Depósito Bancário é um título que os bancos emitem para se capitalizar, ou seja, conseguir dinheiro para financiar suas atividades de crédito. Ao adquirir um CDB, o investidor está efetuando uma espécie de "empréstimo" para a instituição bancária em troca de uma rentabilidade diária.

CDC: Crédito Direto ao Consumidor é um empréstimo cedido por instituições financeiras, bancos, ou através das lojas de departamentos que normalmente é utilizado para financiar eletrodomésticos, móveis e até automóveis.

Debêntures: são títulos de dívidas emitidos por empresas, que podem ser de médio ou longo prazo e que tornam o investidor um credor da empresa. Como o investimento funciona como uma espécie de empréstimo para a empresa, o investidor é remunerado com uma determinada rentabilidade em forma de taxa de juros.

DOC: Documento de Ordem de Crédito. É uma transação usada para transferir a quantia limitada de dinheiro para uma conta em um banco diferente do seu.

DNA: composto orgânico cujas moléculas contêm as instruções genéticas que coordenam o desenvolvimento e funcionamento de todos os seres vivos e alguns vírus, e que transmitem as características hereditárias de cada ser vivo.

E-book: significa "eletronic book", livro em formato digital. Pode ser uma versão eletrônica de um livro que já foi impresso ou lançado apenas em formato digital.

Empréstimo: é um serviço financeiro oferecido por bancos e financeiras autorizadas em que não é necessário informar o motivo. As pessoas costumam solicitar empréstimos pessoais para pagar dívidas, reformar a casa, viajar, pagar os estudos ou abrir um negócio próprio, mas podem solicitá-lo para qualquer outra finalidade.

Especulação no mercado de ações: é uma aposta na variação no preço de um ativo com o objetivo de obter lucros muito acima da média do mercado em um curto espaço de tempo, assumindo, para isso, riscos maiores.

Fast-foods: significa "comida rápida" em inglês. É um tipo de comida, geralmente lanches, para pessoas que não dispõem de muito tempo para fazer as suas refeições, e optam por alimentos que são preparados e servidos rapidamente em restaurantes, com geralmente baixo valor nutricional e alto valor calórico.

Financiamento: é uma operação financeira que, em geral, uma instituição financeira fornece recursos para outra parte que está sendo financiada, de modo que esta possa executar algum investimento específico previamente acordado. Ao contrário do empréstimo, os recursos do financiamento precisam necessariamente ser investidos do modo acordado em contrato. Empresas podem realizar financiamentos para captar recursos para compra de novos equipamentos ou realizar uma expansão enquanto pessoas físicas podem realizar financiamentos para comprar imóveis, automóveis, entre outros bens de maior preço.

Fintechs: é uma empresa inovadora que trabalha para melhorar e otimizar serviços do setor financeiro. Isso é possível porque conseguem utilizar tecnologias que elevam a eficiência dos processos e normalmente repassam custos operacionais menores aos clientes.

Ganância: é um sentimento humano que se caracteriza pela vontade de possuir tudo que se admira para si próprio. É a vontade exagerada de possuir qualquer coisa. É um desejo excessivo direcionado principalmente à riqueza material, nos dias de hoje pelo dinheiro. É diferente de ambição, que é positiva e significa o anseio de alcançar determinado objetivo, de obter sucesso, e é sinônimo de aspiração, pretensão.

GPS: do inglês, global positioning system. É um Sistema de Posicionamento Global que serve para orientar uma pessoa a chegar a um determinado local ou destino.

Hábito: ação que se repete com frequência e regularidade; mania. Comportamento que alguém aprende e repete frequentemente. Maneira de se comportar; modo regular e usual de ser, de sentir ou de realizar algo; costume.

Investimento: nas finanças, é a aplicação de recursos, em geral na forma de dinheiro, com o objetivo de obter um retorno futuro superior ao capital inicial, compensando os custos e gerando lucro.

IPTU: o Imposto Predial e Territorial Urbano é uma taxa que é paga sobre um imóvel ou terreno. A cobrança do imposto é normalmente feita todo ano e o dinheiro que é arrecadado com a cobrança vai para os cofres da Prefeitura, que o usa para custear despesas municipais.

Jogos de azar: são jogos nos quais os que têm sorte são os que ganham com o azar dos outros jogadores, devido à diferença de probabilidades entre a sorte e o azar. Como as chances da sorte são pequenas, são muitos mais os que têm azar, daí que tais jogos são sustentáveis através das perdas dos jogadores que financiam os que vão ter a sorte.

Juros: é a remuneração cobrada pelo empréstimo de dinheiro (ou outro item). É expresso como um percentual sobre o valor emprestado (taxa de juro). Se você pega dinheiro emprestado, paga juros. Se você empresta dinheiro, recebe juros.

Juros compostos: são somados ao capital para o cálculo de novos juros nos tempos posteriores, o chamado juros sobre juros. Tem um efeito multiplicador muito grande e fazem render muito o dinheiro nos investimentos financeiros.

LED: Diodo Emissor de Luz (em inglês: light-emitting diode). É usado para iluminação e permite uma redução significativa no consumo de eletricidade.

Longo prazo: nos investimentos, o longo prazo costuma ser definido para um horizonte acima de dez anos.

Mindset: é a nossa configuração da mente. É a forma como se organiza os seus pensamentos e se decide encarar as situações do cotidiano. É a maneira como se reflete sobre determinada situação e, principalmente, como decide agir após a análise pessoal, que pode determinar o sucesso ou falha.

OLX, Alibaba e Mercado Livre: são sites de compra e venda de comércio eletrônico de anúncios classificados, de itens novos e usados.

OMS: Organização Mundial da Saúde, uma agência especializada em saúde. Tem por objetivo desenvolver ao máximo o nível de saúde de todos os povos.

Patrimônio: é o conjunto de bens, direitos e obrigações vinculado a uma pessoa ou a uma entidade. São todos os recursos e bens que uma pessoa possui em seu nome. Já o patrimônio financeiro é o dinheiro que a pessoa possui na conta-corrente ou que está aplicado no mercado financeiro.

Penhora: apreensão dos bens de devedor, por mandado judicial, para pagamento da dívida ou da obrigação executada.

Pirâmides financeiras: é um modelo comercial previsivelmente não sustentável que depende basicamente do recrutamento progressivo de outras pessoas para o esquema, a níveis insustentáveis. Pode ser mascarado com o nome de outros modelos comerciais que fazem vendas cruzadas tais como o marketing multinível. O dinheiro simplesmente percorre a cadeia, e somente o idealizador do golpe (ou, na melhor das hipóteses, umas poucas pessoas) ganham trapaceando os seus seguidores, fazendo com que o indivíduo em questão seja enganado.

Poupar: gastar com moderação; economizar. É gastar menos do que recebe.

Previdência privada: é aquela feita de forma não obrigatória e por meio de instituições financeiras privadas. É possível escolher o valor da contribuição e a periodicidade em que ela será feita. Além disso, o valor investido pode ser resgatado pela pessoa se ela desistir do plano.

Previdência pública: a Previdência Social é um seguro social pago pelos trabalhadores brasileiros com o objetivo de assegurar a subsistência do trabalhador em caso de incapacidade ou aposentadoria. O recebimento das contribuições e o pagamento dos benefícios são feitos através do INSS — Instituto Nacional de Seguridade Social.

Prosperidade: abundância, fartura. Vai além da riqueza. É ser feliz, bem-sucedido, tendo satisfação daquilo que se tem.

Reserva de emergência: é um seguro contra "imprevistos". É usada quando há um problema grave de saúde, um dano material/fatalidade ou a perda de um emprego. Corresponde a no mínimo seis meses do custo de vida mensal separado e investido.

Stand-by: modo de espera. É o termo usado para designar o consumo de energia elétrica em modo de espera de vários aparelhos eletrônicos.

Subconsciente: é a parte de nossa mente a qual não temos a capacidade de controlar, porém é ela que nos controla. Nosso subconsciente é a parte de nossa mente onde ficam armazenadas todas as nossas memórias.

Sucesso: é conquistar aquilo que você quer.

Tarifas bancárias: são taxas cobradas pelo banco para prover serviços aos clientes. Exemplos: emissão de talão de cheques, saldos, extratos, transferências, segunda via de cartão, tarifas de manutenção de conta etc.

Taxa Selic: é a média de juros que o governo brasileiro paga por empréstimos tomados dos bancos. A Selic é a taxa básica de juros da economia no Brasil, utilizada no mercado interbancário para financiamento de operações com duração diária, lastreadas em títulos públicos federais. A sigla Selic é a abreviação de Sistema Especial de Liquidação e Custódia.

TED: é a sigla de Transferência Eletrônica Disponível. É uma transferência de dinheiro de uma conta de um banco para outro. Na TED, o dinheiro entra no mesmo dia na conta da outra pessoa.

Título de capitalização: promete ganhos baseados em sorteios normalmente de imóveis e automóveis, costumam prometer seu dinheiro de volta após o prazo do título. Mas se o resgate for feito antes do vencimento, normalmente só é possível recobrar uma parte do dinheiro, como se fosse uma penalidade.

Títulos Públicos: são ativos de renda fixa emitidos pelo Tesouro Nacional para financiar a dívida pública nacional. É um tipo de investimento aberto ao público, o valor inicial para investimento é baixo e costuma ter rentabilidade melhor que outros produtos mais tradicionais, como a poupança.

UNICEF: Fundo das Nações Unidas para a infância — é uma agência das Nações Unidas que tem como objetivo promover a defesa dos direitos das crianças, ajudar a dar resposta às suas necessidades básicas e contribuir para o seu pleno desenvolvimento.

USP: Universidade de São Paulo — é a maior universidade pública brasileira e a universidade mais importante do país, da Ibero-América, do mundo lusófono e uma das melhores e mais prestigiadas do mundo.

REFERÊNCIAS

1. Feeding the world into the future — food and nutrition security: the role of food science and technology. Taylor & Francis Online. Disponível em <https://www.tandfonline.com/doi/full/10.1080/21553769.2016.1174958> Acesso em. 13 nov. 2019.

2. CORLEY, Thomas C. Rich Habits: The Daily Success Habits of Wealthy Individuals: Find Out How the Rich Get So Rich (the Secrets to Financial Success Revealed). Langdon Street Press.

3. Lavar as mãos é gesto simples e evita infecções. Hospital Nove de Julho. Disponível em <https://www.h9j.com.br/institucional/noticias/paginas/lavar-as-maos-e-gesto-simples-e-evita-infeccoes.aspx> Acesso em. 13 nov. 2019.

4. Lavar mãos evita até 40% de infecções como gripe e conjuntivite. Jornal da USP. Disponível em <https://jornal.usp.br/atualidades/doencas-podem-ser-evitadas-com-um-simples-lavar-das-maos/>. Acesso em 13 nov. 2019.

5. 52 milhões de brasileiros usam o cartão de crédito como forma de pagamento, diz SPC Brasil. SPC Brasil. Disponível em <https://www.spcbrasil.org.br/uploads/st_imprensa/release_cartao_de_credito.pdf> Acesso em. 13 nov. 2019.

6. An Empty Stomach Can Lead to an Empty Wallet. Site da Universidade de Minnesota Disponível em <https://twin-cities.umn.edu/news-events/empty-stomach-can-lead-empty-wallet>

7. RIBEIRO, Lair. O Sucesso Não Ocorre Por Acaso. Objetiva

8. RIBEIRO, Lair. Enriquecer — Ambição de Muitos, Realização de Poucos. Leitura

9. Banco de imagens gratuitas. Pixabay. Disponível em <https://pixabay.com/> Acesso em 13 nov. 2019.

APÊNDICE - RESPOSTAS

1. Escreva pelo menos 5 motivos pelos quais você deve começar a poupar hoje — para fazer meu dinheiro se multiplicar investindo, para evitar pagar altos juros com dívidas, para tornar mais sonhos em realidade, para custear a minha aposentadoria, porque dinheiro atrai dinheiro, para viver de forma mais livre, barata e segura...

2. c

3. a. (F), b. (V), c. (F), d. (F), e. (V), f. (F), g. (V), h. (V), i. (F), j. (F), k. (V), l. (V), m. (F), n. (F), o. (V), p. (F)

4. em ordem de cima para baixo — (i), (g), (h), (a), (d), (b), (e), (c), (f)

5. em ordem de cima para baixo — (e), (f), (i), (b), (c), (g), (d), (a), (h)

6. a. (F), b. (V), c. (F), d. (V), e. (V), f. (V), g. (F), h. (F), i. (V), j. (V), k. (F), l. (V), m. (V), n. (V), o. (F), p. (V)

7. a. (V), b. (V), c. (V), d. (V), e. (F), f. (V), g. (F), h. (V), i. (F), j. (F), k. (V), l. (V), m. (V), n. (V), o. (V), p. (V), q. (V), r. (F)

8. a. (V), b. (F), c. (V), d. (V), e. (F), f. (F), g. (V), h. (V), i. (F), j. (F), k. (V), l. (V), m. (F), n. (V), o. (V), p. (V), q. (V), r. (F), s. (V)

9. a. (V), b. (V), c. (V), d. (F), e. (V)

ÍNDICE

Símbolos

13º salário 165

A

abastança 90
ações 7
Administração 7
Agiota 173
alimentação 38
Alison Jing Xu
    pesquisador 93
alternativas 79
aposentadoria 79
autoajuda 139
autoestima 42
avareza 48

B

benefícios
    do trabalhador 47
bens
    desvalorização 44
    penhora 161
Bill Gates 35
    Microsoft 35
Bitcoin 173
bloqueios mentais 131
bolsa de valores 42
bônus e comissões 79

C

calibragem
    de pneus 105

carreira 119

cartão de crédito 22

  anuidade 103

  fatura 101

CDC

  crédito ao consumidor 174

cérebro 132

  circuitos neurais 132

cheque especial 58

cobrança

  de empresas 31

comunicação

  aperfeiçoar a 80

conforto 34

consumo 83

  imediato 116

coragem 118–128

corretora

  de valores 7

crenças 54

criatividade 91

Custo Efetivo Total

  CET 168

D

dedicação 67

desempenho 123

desperdício 82

dinheiro 7

  multiplicar 23

  preconceito 75

  preocupação 75

  receita 102

  vergonha 75

disciplina 79

Dr. Lair Ribeiro 57

  Quadrante de Abundância 57

E

empresas

  Airbnb 173

  Alibaba 98

  Mercado Livre 98

  OLX 98

  Petrobras 7

  Serasa 166

  SPC 166

  WhatsApp 35

endividamento 32

entretenimento 97

envolvimento social 125

esforço 32

estereótipo 132

estilo de vida 116

F

financeiro

consultoria 104

controle 41

  despesa 38

desenvolvimento 77

educação 30

empréstimo 36

estratégia 68

formação 29

liberdade 16

matemática 30

metas 118

mitos 29

patrimônio 39

pirâmides 40

prejuízo 8

financiamento 37

fonte de renda 34

fracasso 44

frustração 76

G

gratidão 54

H

habilidade

  aprender nova 91

herança 29

higiene 38

hobby 34

honestidade 30

humildade 74

I

identidade real 54

impostos 33

  de renda 157

INSS 157

internet

  acesso à 91

investimento 7

  CDB 58

  debêntures 45

  fundo de 7

  IPCA

    tesouro público 39

  poupança 58

IPTU 169

J

jogos de azar 40

juros 22

L

leis trabalhistas 47

limitações 131

longo prazo 39

loteria 40

M

marketing digital 22

Mark Zuckerberg 35

  Facebook 35

Mary Kay Ash 119

meditação 94

medo

  instinto do ser humano 21

memória de trabalho 132

mente aberta 140

mesada 15

método PAGAR

  Aja 140

  Anote 140

  Gaste menos 140

  Pense 140

  Renegocie 140

mindset 112

motivação 79

N

natureza humana 41

O

objetivos

  de vida 141

orçamento 102

P

padrão de vida 38

pensamento consciente 132

persistência 68

pessimismo 74

piloto automático 132

praticidade 101

prazer imediato 47

Previdência 177

  privada 177

  pública 177

programa de fidelidade 105

promoção

  profissional 89

propósito de vida 54

R

realimentação 54

recompensas 103–108

reconhecimento social 89

recursos

  uso com consciência 22

renda 7

  extra 123

  mensal 154

rentabilidade 64

renúncia 125

reserva de emergência 113

ÍNDICE | 189

Roda da Prosperidade

Caridade 55

Egoísmo 56

Estéreis 56

Generosidade 55

Prósperos 56

Soberba 56

S

sabedoria 116

sacrifício 53

salário-mínimo 32

satisfação pessoal 113

saúde

cuidar da 80

segurança

de vida 34

no futuro 22

Silvio Santos

SBT 35

simplicidade 30

sinceridade 81

Sobrevivência 58

status

pessoal 89

Steve Jobs 35

Apple 35

subconsciente 31

Sucesso 32

T

Taxa Selic 178

Thomas Corley 40

Título 39

de capitalização 40

Público 39

transferência bancária

DOC 100

TED 100

Transparência 81

traumas 131

tributos 168

U

UNICEF 95

Universidade de Minnesota 93

USP 95

V

visão de futuro 38

W

Warren Buffett 15

CONHEÇA OUTROS LIVROS DA ALTA BOOKS

Todas as imagens são meramente ilustrativas.

CATEGORIAS
Negócios - Nacionais - Comunicação - Guias de Viagem - Interesse Geral - Informática - Idiomas

SEJA AUTOR DA ALTA BOOKS!

Envie a sua proposta para: autoria@altabooks.com.br

Visite também nosso site e nossas redes sociais para conhecer lançamentos e futuras publicações!

www.altabooks.com.br

ALTA BOOKS
E D I T O R A

/altabooks • /altabooks • /alta_books

ROTAPLAN
GRÁFICA E EDITORA LTDA
Rua Álvaro Seixas, 165
Engenho Novo - Rio de Janeiro
Tels.: (21) 2201-2089 / 8898
E-mail: rotaplanrio@gmail.com